북즐 활용 시리즈 11

출판제작
가이드북

이시우 지음

이 도서의 국립중앙도서관 출판예정도서목록(CIP)은 서지정보유통지원시스템
홈페이지(http://seoji.nl.go.kr)와 국가자료공동목록시스템(http://www.nl.go.kr/kolisnet)에서
이용하실 수 있습니다.(CIP제어번호: CIP2017007267)

북즐활용시리즈11

출판제작 노하우, 제작발주서 작성, 손익분석과 원가절감

출판제작 가이드북

펴 낸 날	초판 1쇄 2017년 4월 20일
지 은 이	이시우
펴 낸 곳	투데이북스
펴 낸 이	이시우
교정·교열	이소영
편집 디자인	이성민, 이인효
출 판 등 록	2011년 3월 17일 제 305-2011-000028 호
주 소	서울특별시 성북구 아리랑로 19길 86(정릉2차 대주피오레) 상가동 104호
대 표 전 화	070-7136-5700 팩스 02) 6937-1860
홈 페 이 지	http://www.todaybooks.co.kr
전 자 우 편	ec114@hanmail.net

ISBN 978-89-98192-48-8   13010

ⓒ 이시우

• 책값은 표지 뒷면에 있습니다.
• 이 책은 투데이북스가 저작권자와의 계약에 따라 발행한 것으로 허락 없이 복제할 수 없습니다.
• 파본이나 잘못 인쇄된 책은 구입하신 서점에서 교환해 드립니다.

사진 촬영 및 자료 제공에 도움을 주신 곳
한솔제지 영진문원 엠보코플러스 종이나라 이지앤비 정민문화인쇄사 우성제책 아르미
정민문화사 세영금박 휘미르 대영라미네이팅 한국후지제록스

북즐 활용 시리즈

출판제작 노하우, 제작발주서 작성, 손익분석과 원가절감

출판제작 가이드북

이시우 지음

머리말

이 책은 2012년 1월 출간된 [출판제작 실무노트]를 5년 만에 새롭게 개정한 책이다. 책에서 중요하지 않은 부분들은 축소하였고 현장에서 중요하게 다루어지는 부분들은 좀 더 내용을 추가하거나 보완했다. 그리고 표지와 본문 디자인도 새롭게 만들었다.

출판사에 근무하는 분들이 출판제작의 중요성과 출판제작의 이론을 알면 효율적으로 책을 제작할 수 있다는 것을 이야기하고 싶다. 책을 잘 만들어 많이 팔면 좋겠지만 쉽지가 않다. 그러므로 출판제작 업무를 잘 파악해서 제작비 절감을 해야 한다. 권당 제작 비용의 절감으로 만약 책이 나가지 않는 상황이 생기더라도 제작 비용이라도 만회할 수 있는 방법에 대해서 고민해 보자. 그 방법이 최대 불황인 출판시장에서 살아남는 방법 중 하나인 것은 확실하다.

필자는 출판사 총무 부서에서 일하면서 제작 업무를 했었다. 출판사 근무 시절에 배운 내용들이 출판사를 경영하면서 많은 도움이 되었다.

출판제작 업무를 본 지가 벌써 17년 정도가 되어 간다. 하지만 새로운 신간을 만들 때가 되면 다시 초보 시절로 돌아가는 것 같다. 현재 이 경험을 1년에 4번~6번 정도 한다. 즉 1년에 그 정도의 신간이 나오고 있다. 그러므로 출판제작 업무가 잘 정리되어 있는 책자를 옆에 둘 필요가 있다. 기억이 나지 않으면 수시로 찾아서 확인해보면 된다.

책 집필 시 자문을 해준 모든 분들에게 감사한 마음을 전한다. 그리고 책에 나오는 사진들의 촬영을 허락해주신 제작업체 대표님들과 각 담당자님들에게도 감사드린다.

모든 분들이 출판제작을 이해하고 활용할 수 있는 책으로 자리매김하기를 바라는 마음으로 책의 개정판을 세상에 내놓는다.

2017년 4월
저자 이시우

Contents

제1장 출판제작자가 알아야 할 기본 지식
1. 종이 — 10
2. 출력 — 17
3. 인쇄 — 24
4. 제책 — 33
5. 후가공 — 48
6. 음반 — 63
7. 제작비 결제방법 — 69

제2장 제작발주서 작성을 위한 기본 지식
1. 근간 교재 사양서 작성 — 76
2. 책의 판형별 본문 절수 — 79
3. 책의 판형별 표지 절수 — 86
4. 본문 정미 및 여분 계산법 — 96
5. 표지 정미 및 여분 계산법 — 101

제3장 신국판, 46배판 발주하기
1. 신국판 발주하기 — 108
2. 46배판 발주하기 — 114

제4장 국반판, 46판 발주하기
1. 국반판 발주하기 — 122
2. 46판 발주하기 — 128

제5장 국배판, 크라운판 발주하기
1. 국배판 발주하기 — 136
2. 크라운판 발주하기 — 141

제6장 제작비 원가 산출에 대하여

1. 용지 단가표 보는 방법   152
2. 인쇄 단가표 보는 방법   154
3. 출력 단가표 보는 방법   158
4. 제책 단가표 보는 방법 - 무선, 양장, 중철   163
5. 후가공 단가표 보는 방법   169
6. 음반 단가표 보는 방법   172
7. 편집 단가표 보는 방법   175

제7장 제작원가표 작성하기

1. 제작원가표 작성하기 실무 : 46배판   180
2. 제작원가표 작성하기 실무 : 신국판   186
3. 제작원가표 작성하기 실무 : 국배판   192

제8장 도서의 정가 및 손익분기점 분석하기

1. 도서의 정가 책정   200
2. 도서의 손익분기점 분석   203

부록

1. 출판제작 총론   214
2. 제지 회사별 대표 용지들의 규격별 표준 단가표   230
3. 현장에서 자주 사용되는 용어 정리   237

출판제작을 하기 위해 출판제작자가 알고 있어야 하는 모든 진행 흐름에 대한 기본지식에 대해 알아보자.

출판제작자가 알아야 할
기본 지식

01

종이

일반적으로 종이는 식물의 섬유질을 물에 풀어 평평하게 하면서 얇게 엉키도록 하여 물을 빼고 말린 것이다. 그래서 물과는 아주 친하다(= 친수성). 또한 원래 표면이 수많은 다공질(표면에 구멍이 많다)로 되어 있다. 인쇄 작업에 어울리는 종이는 물과 적당한 저항성이 있어야 하고 표면이 균일(평활성)해야 하며 신장률(종이가 늘어나는 정도) 등이 적어야 한다.

출판제작 담당자가 알아야 할 종이에 대한 기본적인 내용들은 다음과 같다.

종이의 규격

현재 우리나라에서 사용되는 인쇄용지의 규격으로는 46전지(46全紙 : 788mm×1,091mm), 국전지(菊全紙 : 636mm×939mm), A열 본판(625mm×880mm), B열 본판(743mm×1,050mm)의 네 가지가 있다(여기서는 주문 용지인 변규격은 제외한 것임). 네 가지 규격이 모두 다르지만, 크기가 비슷하기 때문에 보통 A열 본판을 국전지, B열 본판을 46전지라고 한다.

종이의 규격을 크기별로 정리하면 다음과 같다.

단위: mm

원지	가로	세로
국전지	636	939
A열 본판	625	880
46전지	788	1,091
B열 본판	743	1,050

종이의 결 구별법

책의 판형별로 사용할 종이의 종류 및 종이결에 대한 보다 더 자세한 것은 뒤에서 다시 자세히 설명한다. 여기서는 종이의 결에 대해서만 먼저 알아본다.

종이의 결에는 종목과 횡목의 두 종류가 있다.

제지 회사에서 펄프를 이용하여 종이를 생산할 때 최종적으로 생산되는 생산물은 롤 형태의 상태로 생산이 된다. 종이를 직사각형으로 재단하는 경우 짧은 변에 평행한 방향으로 결이 나 있는 것을 가로결(횡목)이고 수직 방향으로 결이 나 있는 것을 세로결(종목)이라 한다.

책 제작 시 본문과 표지의 종이결 방향을 잘못 선택하면 제책 후 책이 갈라지는 경우가 발생한다. 간혹 표지의 경우는 괜찮을 수 있으나 본문의 경우는 정확한 종이결을 사용하지 않으면 치명적인 결과를 만나게 된다. 책이 자연스럽게 넘겨지지 않고 뻣뻣하게 일어나서 잘 넘겨지지가 않는다.

다음을 보면 이해가 쉽게 될 것이다.

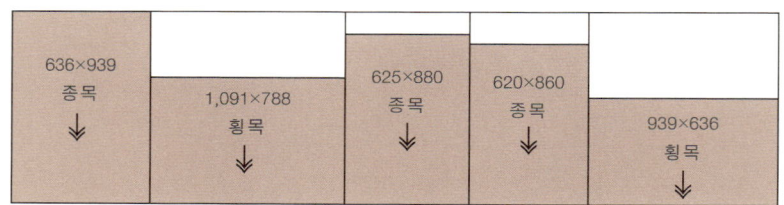

종이의 결이 만들어지는 과정

표기된 치수로 구분하는 방법으로는 '636mm×939mm'는 종목이고 '939mm×636mm'은 횡목이 된다.

가장 손쉽게 구분하는 방법은 종이 구입 시 포장지에 붙어있는 라벨을 확인하면 된다. 포장지 라벨 자체에 종목 또는 횡목이 표기되어 출시되고 있다. 그러나 제지 회사마다 그 순서 및 표기법이 다르다.

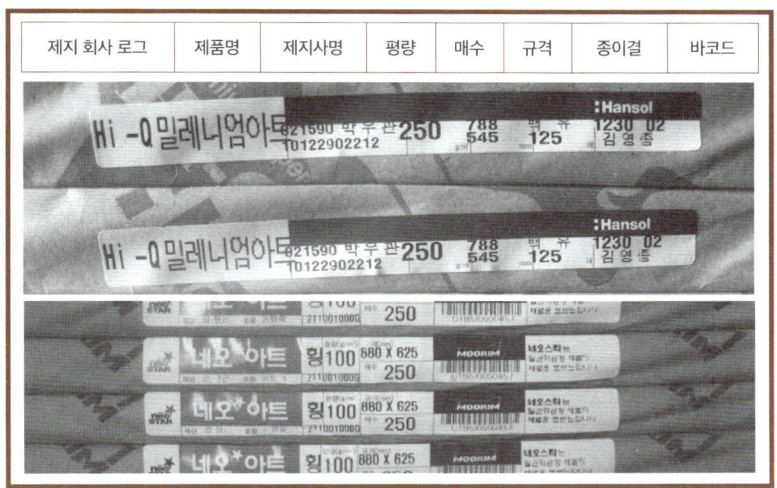

포장지에 있는 종이결 라벨 화면

종이의 종류

종이의 종류를 보면 전통 종이인 한지, 서양에서 개발한 양지, 종이 박스와 같은 판지로 나뉜다.

인쇄에서 많이 쓰이는 종이는 양지로 양지에는 도피지(Coated Paper, 표면이 광택 처리가 됨)와 비도피지(Noncoated Paper, 표면이 광택 처리가 되지 않음)로 나뉜다.

도피지에는 대표적으로 책의 표지, 컬러 내지(본문), 포스터, 전단지, 팜플렛, 등에 사용되는 아트지(Art Paper)가 있다. 비도피지에는 상질지(백상지=모조지), 중질지(서적지=노트지), 하질지(갱지, 신문용지) 등이 있다. 판지(Paper Board)에는 두께가 0.3mm 이상 또는 평량 100g/㎡ 이상의 딱딱하고 질긴 종이를 말하는데 마닐라 판지, 황판지, 백판지, 골판지 등이 주로 많이 사용된다.

종이의 포장 단위는 연(R)과 속(S)으로 구분이 된다.

- 연(REAM) : 종이의 기본 판매 단위로 평판 500매를 1연 또는 1R라고 표기한다. 예를 들어 700매의 종이는 1연 200매 또는 1R 200S로 표기한다.
- 속(SHEET) : 종이의 포장 단위로 종이의 평량에 따라서 1속(S)에 포장된 종이의 매수가 차이가 있다. 평량이 같아도 제지회사에 따라서 1속 당 매수의 차이가 있다.

※ 평량별 포장단위에 대해서

평량(g/㎡)	1속당 매수	연당 속수
60~100	250매	2속
110~200	125매	4속
220~300	100매	5속

종이 한 장의 그램(g/㎡) 수에 대해서

종이의 평량(g/㎡)은 단위 1제곱미터당 무게를 나타내며 종이의 강도, 불투명도, 두께에 영향을 미친다. 일반적으로 백상지는 75g/㎡, 80g/㎡, 95g/㎡, 100g/㎡, 120g/㎡ 등이 많이 사용되고 아트지나 스노우화이트(SW)는 100g/㎡, 120g/㎡, 150g/㎡, 180g/㎡, 200g/㎡, 250g/㎡, 300g/㎡ 등이 주로 많이 사용된다. 참고로 종이를 구분하는 요소에는 밝기(백색도), 흰색의 정도(백감도), 광택, 평활도(평평하고 매끄러운 정도), 불투명도(빛이 종이에 투과하지 않는 정도)가 있다.

종이의 두께를 재는 도구로 두께 게이지가 사용된다.

두께 게이지 화면

각종 견본들의 보유

출판사에서 구비하고 있으면 좋은 각종 견본은 다음과 같다.
책의 면지나 색지 견본 책, 표지 후가공 샘플 북, 양장제책 시 사용되는 합지의 두께가 모두 모여 있는 합지 견본 책, 양장제책 시 사용되는 헤드밴드, 가름끈(시오리)의 샘플이 모여 있는 제책 부자재 샘플 북 등이 있으면 좋다.

각종 견본 책과 샘플 북 화면

02

출력

출판제작 담당자가 알아야 할 출력에 대한 기본적인 내용들은 다음과 같다.

필름 출력에 대하여

필름에는 네거티브(Negative:음화)와 포지티브(Positive:양화)의 두 가지 종류가 있는데 인쇄에서 사용하는 필름은 포지티브(Positive:양화) 필름을 주로 사용한다. 그리고 해상도는 '스크린 선수'에 비례하고 이 선수는 크게 '망점수(DPI)' 와 '라인수(LPI)'로 나누어지는데, 주로 인쇄에는 망점(DOT)을 사용한다(망점의 무늬도 다양하다).

[필름 출력]

- 1도: 단도 필름은 먹판으로만 구성된다.
- 2도: 2도 필름은 먹판과 색판으로 구성된다.
- 4도: 4도 필름은 CMYK로 구성되는데 C는 '청' M은 '적' Y는 '황' K는 '먹'을 말한다. 5도 별색도 사용 가능하다.

- 별색: 원색은 CMYK를 말하는데 별색은 원색 이외의 모든 색을 말한다. 예를 들어 인쇄 시 4원색에 별도로 은색을 추가로 인쇄한다면 은색이 별색이 되는 것이다. 참고로 추가 되는 별색은 원색의 도당 가격보다 훨씬 높다. 2도의 경우 먹 이외에는 모든 색을 별색으로 지정할 수 있다.

상막과 하막 그리고 필름의 망점

필름에는 상막과 하막이 있다.
칼로 긁으면 긁히는 부분이 상막이고 안 긁히면 하막이다. 상막부분이 손상이 되면 인쇄 작업 시 소부에서도 어떻게 할 수가 없이 그대로 소부가 되어 PS 판으로 제작이 되고 인쇄로 이어진다. 그러므로 제작담당자는 상막의 손상을 막기 위하여 상막이 안쪽으로 가도록 한다. 즉 하막이 밖으로 나오도록 필름을 감아서 인쇄소에 넘겨야 한다.

필름의 망점과 같이 주기적인 패턴의 이미지를 2개 이상 겹쳐 주면 간섭에 의하여 규칙적인 모양이 나타나는데 이것을 모아레(Moire)라고 한다. 모아레 현상을 방지하기 위하여 각 색판(CMYK)의 각도를 출력소에서 서로 다르게 설정해준다.

4도 인쇄 시 망점의 기본 각도는 사이언(Cyan): 105도, 마젠타(Magenta): 75도, 옐로우(Yellow): 0도, 블랙(blacK): 45도 이다. 참고로 알아두자.

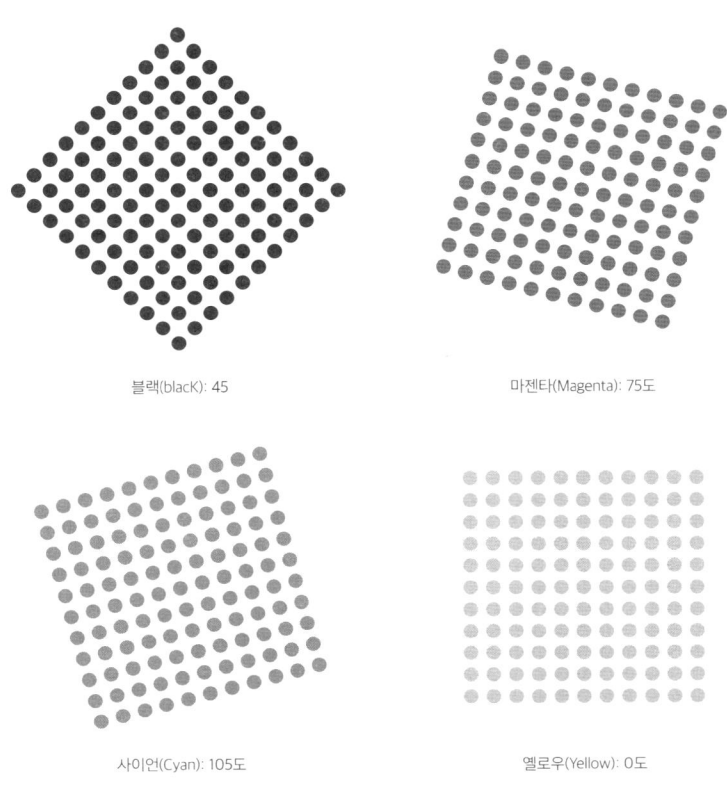

블랙(blacK): 45

마젠타(Magenta): 75도

사이언(Cyan): 105도

옐로우(Yellow): 0도

종이에 따른 출력 스크린 선수

필름에는 선수라는 것이 있는데 선수는 Line Per Inch(LPI)라고 하며 1인치 안에 몇 개의 필름 망점으로 이루어진 선이 있는가를 의미한다. 즉 선수가 높을수록 필름의 망점이 촘촘하다고 보면 된다. 반대로 선수가 낮을수록 망점이 촘촘하지가 않다.

선수가 높을수록 망점이 촘촘하므로 해상도는 좋을 수 있으나 인쇄가 뭉개질 수도 있다. 그러므로 용지에 따른 적당한 선수를 선택해야 한다.

필름 검판 작업 시 확인사항들

출력소에서 넘어온 필름들은 담당 편집자가 검판 작업을 한다. 그런 다음 제작 담당자가 최종 확인을 한 후 인쇄소로 넘기는 것이 좋다. 이때 제작 담당자는 다음의 내용들을 잘 확인해주어야 한다.

- 필름 표면에 흠집이 발생해서(특히 본문 중 전체 아미가 있는 필름) 인쇄가 불가능하지 않는가?
- 필름의 가늠 맞춤(register)이 맞는가?
- 필름의 '모아레(moire : 물결무늬)' 현상 발생되지 않았는가?
- 필름 재 출력 시 새로 출력한 필름과 남아 있는 필름과의 핀이 잘 맞는가?

원칙적으로 필름에 날짜 오류나, 오타가 있는 상태에서 작업이 이루어진다고 해도 인쇄소의 책임이 아니다. 서비스 차원에서 발주처(출판사)로 연락을 해줄 수는 있다. 인쇄소는 단지 출력한 대로 100%로 재현하는 임무에만 충실하면 되는 것이기 때문이다.

루페(확대경)를 통한 필름 검판 작업 화면

CTP 출력에 대해서

CTP(Computer To Plate)는 컴퓨터에서 인쇄용 PS 판으로 출력을 보내어 인쇄판을 만드는 방식을 말한다.

그러므로 CTP로 인쇄를 할 경우 필름 출력을 하지 않아도 된다.

다음의 작업 공정을 보면 바로 이해가 될 것이다.

순서	작업 공정 순서도	
	필름 출력	CTP 출력
1	원고 작성 완료 및 편집 작업 완료	원고 작성 완료 및 편집 작업 완료
2	필름 출력 의뢰	〈생략〉
3	필름 검판 작업	인디고로 만든 샘플 북으로 검판 작업
4	필름 수정 및 인쇄 작업 의뢰	디지털교정 및 인쇄 의뢰
5	필름 터잡기	〈생략〉
6	PS 판 소부작업	PS 판 소부작업
7	인쇄 작업 시작	인쇄 작업 시작
8	가제본 확인	가제본 확인

CTP로 인쇄를 할 경우 필름 출력을 하지 않으므로 필름 가격이 절감되는 대신 인디고를 이용한 샘플 북으로 인쇄물의 내용을 수정해야 한다. 그러므로 인디고 샘플 북 1부의 가격을 잘 따져 보아야 한다.

그다음으로 판비인데 필름으로 출력해서 인쇄판을 만드는 것과 CTP 출력을 해서 인쇄판을 만드는 비용을 잘 따져 보아야 한다. 현재는 필름 출력보다는 CTP 출력으로 작업을 더 많이 한다.

순수하게 비용적인 측면에서 보면 본문이 4도인 경우 CTP로 작업하는 것이 필름으로 작업하는 것보다 확실히 비용이 덜 든다. 본문이 2도인 경우도 CTP로 하는 것이 더 이익이다.
CTP 출력 단가의 인하가 CTP 출력의 대중화를 이끈다고 해도 과장이 아닌 것 같다.

CTP 출력으로 작업을 하는 경우에 있어서 그 장점을 알아보면 다음과 같다.
   1. 작업공정의 단축: 재료 및 인건비, 시간의 절감으로 생산원가를 절감시킨다.
   2. 생산성 증대: 작업시간 단축으로 납기일을 단축할 수 있다.
   3. 고품질의 구현: 완벽한 망점의 재현으로 정교한 인쇄 품질을 구현할 수 있다.
   4. 보관 환경의 개선: 필름이 아닌 데이터로 자료를 보관하므로 보관 공간이 적어도 된다.

CTP 출력장비 화면

03

인쇄

인쇄 작업에 있어서 제작 담당자가 알아야 할 기본적인 내용들은 다음과 같다.

옵셋 인쇄

옵셋('오프셋'이라고도 한다) 인쇄는 간접 인쇄 방법의 하나다.
판에 묻힌 잉크를 종이에 옮기는 방법에는 판면에서 잉크를 종이에 직접 옮기는 직접 인쇄와 잉크를 고무 블랑켓(Blanket : 고무 실린더)에 옮겨 다시 종이에 옮기는 간접 인쇄의 두 가지가 있다.

볼록판, 오목판, 공판도 오프셋 인쇄를 하고 있지만 평판에서는 주로 옵셋 인쇄를 하고 있다. 그래서 일반적으로 옵셋 인쇄라 말하면 평판 인쇄를 뜻하는 경우가 많다.

옵셋 인쇄는 직접 인쇄 방법으로 불가능했던 금속과 유리에 처음 적용되었다. 그 특징은 고무 블랑켓을 사용하기 때문에 거친 면의 종이에도 선명하게 인쇄가 된다.

인쇄의 4판식(평판, 볼록판, 오목판, 공판)중에서 출판물의 인쇄는 평판을 이용한다. 그리고 이런 인쇄를 흔히 '옵셋 인쇄(Offset Printing)'라고 한다.

평판의 판면에 직접 인쇄하는 것을 '평판 직접 인쇄'라고 한다. '옵셋 인쇄(Offset Printing)'는 Offset Blanket를 거쳐 인쇄하므로 '평판 간접 인쇄'라고 한다.

옵셋 인쇄기에는 다음의 두 가지 종류가 있다.

   1. 옵셋 윤전기: 용지를 두루마리(Roll:롤) 지를 사용하고 신문사나 교과서 등의 대량 부수에 적합하다. 속도가 빠르다.

   2. 옵셋 인쇄기: 일반적으로 흔히 쓰이는 기종으로 용지를 낱장씩 넣어 사용하고 윤전기보다는 속도가 느리다.

4색 옵셋 인쇄기 화면

소부작업과 인쇄판 이야기

출력된 필름은 소부작업을 거쳐 인쇄기에 걸릴 PS 판이 만들어진다.

소부란?

현상액을 바른 얇은 알루미늄 판위에 망점을 새겨 넣어서 UV 램프로 자외선을 노출시켜 인쇄할 수 있도록 판으로 부식시키는 과정을 말한다.

소부작업을 통하여 필름에 있는 내용을 그대로 판으로 옮기기 때문에 필름의 오타 등의 검판 작업이 매우 중요한 것이다.

평균 처음 작업에 1만 부 정도로 인쇄하는 경우 5천 부에서 인쇄판을 교체하여야 한다. 그러지 않으면 인쇄물의 삽화나 그림 부분의 선명도가 떨어지고 글씨가 뭉그러지는 현상이 나타난다.

요즘은 대부분 CTP 출력을 많이 이용하므로 참고만 하자.

루페(확대경)를 통한 PS 판 검사 화면

인쇄 감리 시 확인사항들

출판사에서는 보통 신간도서의 경우 인쇄소로 감리를 하러 간다. 인쇄소는 감리 일정에 맞추어서 다른 일정들을 조정한다.

인쇄 감리의 경우 인쇄물이 사진과 같은 화보들이 많은 경우는 담당 디자이너가 가고 텍스트 위주의 인쇄물인 경우 편집담당자가 가서 감리를 한다(이는 출판사마다 다를 수 있다). 이때 제작 담당자는 함께 동행한 감리 담당자가 업무를 잘 처리할 수 있도록 해줄 책임이 있다.

인쇄 감리 시 출판사 감리 담당자가 확인해야 할 것에 대하여 알아보겠다.

1. 본문이 단도인 경우의 인쇄 농도: 본문이 단도인 경우라고 하더라도 먹 100%, 먹 80%, 먹 50%, 먹 20% 등으로 표현이 된 것이라고 한다면 그 농도들이 정확한지 확인해준다.

2. 본문이 2도인 경우의 별색: 보통 본문이 2도인 경우는 교정지를 출력하였을 것이다. 교정지의 색과 실제 인쇄물의 색상이 100% 같은 수는 없겠지만 담당 디자이너의 의도가 잘 표현되었는지 별색 인쇄물을 확인한다.

3. 본문이 4도인 경우의 인쇄 핀: 본문이 4도(컬러)인 경우 CMYK 판이 모여 단색을 표현한 경우가 있을 수 있다. 이때 인쇄 핀이 안 맞을 경우 글씨나 그림이 흐리게 보일 수 있으므로 루페를 이용하여 인쇄 핀을 확인한다.

4. 표지의 전체 농도: 표지의 경우 일반적으로 국전지 또는 46전 2절에 3벌 또는 4벌로 인쇄를 한다. 이때 처음과 마지막의 인쇄 농도와 시작과 끝의 인쇄 농도가 균일한지 확인한다.

간혹 전지로 인쇄를 했는데 여러 종류의 표지가 나오는 경우가 있다. 즉 표지가 파란색인데 진한 파랑, 연한 파랑, 파랑으로 나올 수도 있다는 것이다.

5. 표지가 5도인 경우 인쇄 순서: 표지가 5도인 경우 4도 인쇄를 한 후 5도 별색을 인쇄하는지 아니면 별색을 인쇄 후 4도를 인쇄하는지를 확인해야 하며, 5색기인 경우 그 순서를 잘 확인해 주어야 한다. 일반적으로 인쇄소에 가면 연통같이 생긴 것이 2개 있으면 2색기이고 4개 있으면 4색기, 5개 있으면 5색기라고 생각하면 된다.

6. 표지의 그림자 얼룩: 표지의 경우 전체가 단색인 경우(예를 들어 전체 청색 바탕에 디자인이 된 것) 인쇄기의 고스트(Ghost) 현상으로 전체 색상이 균일하지 않게 나오는 경우가 있다. 이러한 현상은 잉크 묻힘 롤러에서 판면의 잉크 공급량과 소모량의 균형이 맞지 않아서 생길 수 있으므로 고스트 현상을 잘 확인해야 한다.

7. 표지의 뒤 묻음: 표지의 경우 건조가 잘 안된 경우 뒤 묻음이 생길 수 있으므로 가제본에서 꼭 확인해 주어야 한다.

인쇄된 인쇄물을 루페(확대경)를 통해 확인하는 화면

가제본의 확인

인쇄가 끝나면 제작 담당자는 인쇄소 담당자에게 요청을 하여 본문과 표지의 인쇄물 가제본을 받아서 편집 담당자에게 넘겨주어 검토를 하게 한다.

그 시점은 인쇄가 끝남과 동시에 받으면 좋지만 일상적인 업무에서 그렇게 하기는 정말 힘이 든다. 하지만 나름대로의 원칙 하나를 세우자. 제책이 들어가기 전에는 꼭 가제본을 확인하며 이상이 없을 때 제책 작업이 이루어지도록 하는 것이다. 특히 표지 후가공이 2가지 공정 이상인 경우 제책 작업이 들어가기 전에 꼭 표지의 후가공 상태를 확인한 후 제책 작업이 되도록 해야 한다.

제작 담당자가 넘겨주는 가제본에서 치명적인 오타나 인쇄 오류를 발견했다면 해당 대수만 인쇄를 다시 해서 제책 작업을 진행할 수 있는 것이다.

인쇄물(표지, 본문)의 가제본 화면

04

제책

제책에는 무선제책, 중철제책, 양장제책, 반양장제책 등이 있다. 이러한 제책 방식에 대하여 간략하게 알아보겠다.

무선제책

가장 많이 사용되는 제책의 형식으로 대수별로 접지를 하여 책등이 되는 면을 갈거나(일반 무선제책), 칼집을 넣어(아지노 무선제책_접지할 때 일반 무선제책보다는 조금 넓은 칼을 사용하여 접지한다) 그 부분에 접착제를 묻혀서 표지와 결합하는 방식을 말한다. 보통 무선제책의 표지는 200g~300g 정도의 두께를 가진 종이를 많이 사용한다. 거의 대부분은 250g을 사용한다.

무선제책은 모든 공정이 자동화되어 있기 때문에 가장 널리 사용되고 있다.

무선제책의 작업 순서에 대해서 알아보겠다.

1. 인쇄물을 판형별로 재단한다.
보통 16P 접지가 가능하도록 재단한다(본문 종이가 180g 이상인 경우는 8P 접지를 하기도 한다).
2. 책의 판형에 맞도록 재단된 인쇄물을 접지기를 이용하여 접지한다.
이때 책등이 될 부분에 칼집을 낸다.
3. 같은 대수별로 추려 주는 정합 작업을 한다.
1P~16P, 17P~32P, 33P~48P, 49P~64P 순으로 정렬한다.
4. 정합 된 본문이 각 대수별로 모여짐과 동시에 책등에 풀이 묻으면서 표지가 붙는다.
5. 표지 날개 꺾기 작업이 진행되면서 책등의 반대쪽이 재단된다.
6. 삼면 재단기를 거치면서 책의 위아래가 재단되어 최종적으로 무선 책이 완성된다.

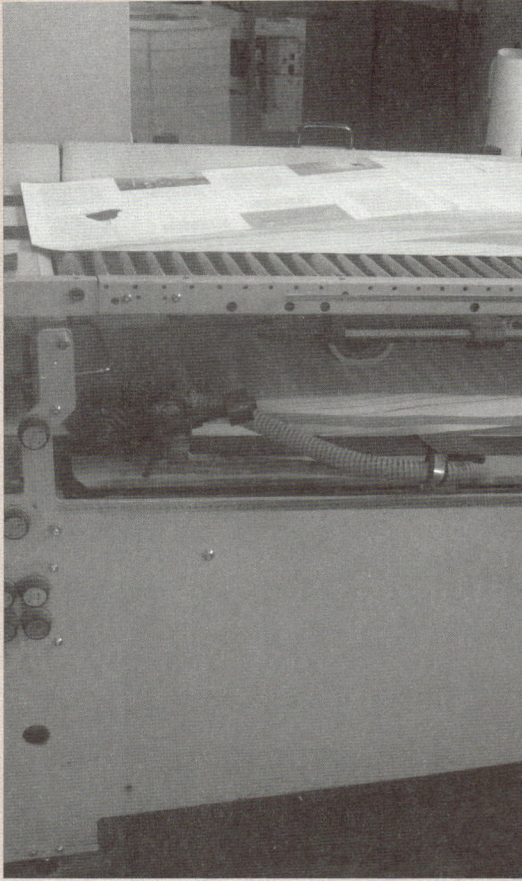

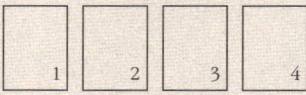

1. 쌓여 있는 인쇄물
2. 본문 재단 후 접지 작업
3. 접지 후 대수별로 구분
4. 대수별로 정합 라인에 대기

사진으로 보는
무선제책

PART 01_ 출판제작자가 알아야 할 기본 지식 | 037

사진으로 보는
무선제책

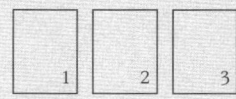

1. 표지 대기중
2. 표지와 본문 결합 작업
3. 표지와 본문이 결합한 후 이동 중

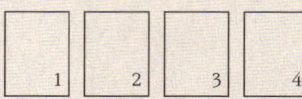

1. 표지 날개 꺾기 작업
2. 삼면 재단 작업 화면
3. 삼면 재단 후 책 사이즈를 확인하는 중
4. 완성된 책

사진으로 보는
무선제책

중철 라인 진행 화면　　　　　　　중철작업(철심박기) 작업 화면

중철제책

중철제책은 대수별로 접지를 한 후(이때 본문은 2장 즉 최소 4의 배수가 되어야 한다) 표지를 대어서 펼쳐 놓고 한가운데를 철심으로 박아서 제책하는 방식이다.

본문이 두껍지 않은 부록 도서나 샘플 북, 홍보용 소책자 등에 주로 많이 사용되는 제책 방식이다.

표지는 본문의 용지와 같거나 표지 라미네이팅이 있는 경우에는 보통 아트지 150g~200g 정도로 사용하는 것이 적당하다. 표지에 후가공이 있는 경우에는 180g이나 200g을 사용하면 좋다.

양장제책

양장제책은 본문과 표지 작업이 별도로 이루어진다. 보통 표지가 되는 합지바리 작업은 양장제책사에서 이 작업만 하는 곳으로 외주를 처리한다. 규모가 있는 업체에서는 직접 작업하기도 하지만 거의 대부분 외주가 많다.

합지바리 작업은 속표지가 되는 표지를 적당한 합지(책의 판형과 페이지에 따라서 g 수가 정해진다)에 붙이는 작업을 말한다.

본문은 접지를 한 후 대수별로 실을 꿰매어서 책등에 붙인다. 이때 각 양장의 경우에는 직각 모양으로 환양장의 경우에는 둥글게 합지바리 작업된 표지에 붙인다. 즉 각양장은 각 모양으로 합지바리 작업이 되며 환양장은 둥글게 합지바리 작업이 된다.

양장제책의 작업 순서에 대하여 알아보겠다.

1. 인쇄물을 판형별로 재단한다.
   보통 16P 접지가 가능하도록 재단한다.
   본문 종이가 180g 이상인 경우는 8P 접지를 하기도 한다.
2. 책의 판형에 맞도록 재단된 인쇄물을 접지한다.
   접지 후 정합 작업을 한다.
3. 정합 작업 후 대수에 맞도록 실 매기 작업을 한다.
   1P~16P, 17P~32P, 33P~48P, 49P~64P 순으로 정렬한 후 실 매기 작업이 이루어진다.
4. 실매기 작업(사철)이 끝나면 가름끈(시오리)을 붙인다.
5. 면지 4P와 함께 세양사 작업을 한다.
   세양사 작업은 실로 맨 책등에 풀을 붙인 후 가재 같은 헝겊을 붙이는 작업을 말한다.
6. 세양사 작업이 되면 등지와 헤드밴드를 동시에 부착한다. 등지는 가제 위에 덧붙이는 종이를 말한다.
7. 표지(합지바리)와 본문 사이에 있는 면지 한 장을 표지(합지바리)의 안쪽에 붙이면 양장 책이 완료된다.
8. 추가적으로 커버(겉표지) 작업이나 띠지 작업이 있을 수도 있다.

예전에는 세양사 작업을 한 후 등지 작업을 하고 나서 가름끈(시오리), 헤드밴드 작업을 했으나 최근에는 이상과 같이 가름끈(시오리)을 붙이고 나서 세양사, 등지, 헤드밴드가 동시에 작업이 이루어진다.

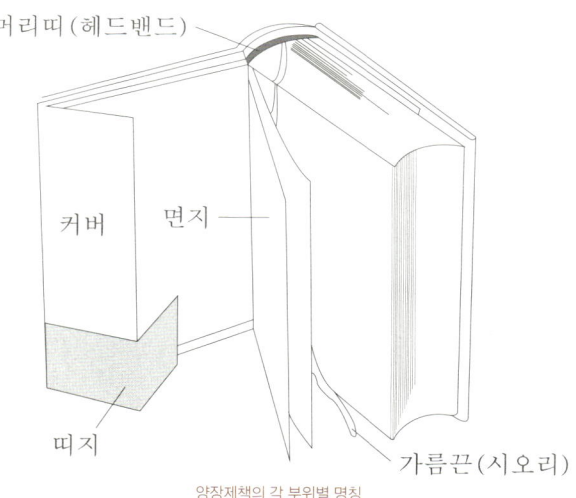

양장제책의 각 부위별 명칭

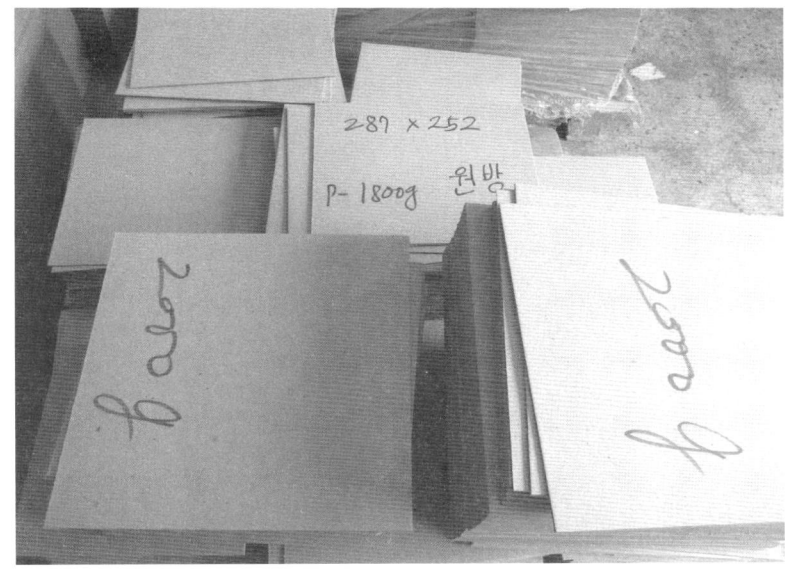

양장제책에 사용되는 합지 화면

표지(합지바리) 작업 화면

> **TIP >> 무선제책과 양장제책에서 면지의 역할**
>
> 면지 또한 책등에서 제책이 되므로 최소한 2장이 되어야 한다. 무선제책에서는 표지와 본문의 사이에 앞뒤 2장씩 들어가서 본문을 보호하는 역할을 하고 양장제책에서는 면지의 앞장이 표지(합지바리)에 붙으면서 표지와 본문을 이어주는 역할을 한다. 뒤쪽에 있는 면지 또한 같은 역할을 한다.
> 보통 면지의 평량은 최소 120g 이상에서 180g 정도가 사용되며 주로 120g이 가장 많이 사용된다. 언제부터인가 110g도 나오므로 참고하자.

반양장제책

반양장제책은 무선제책으로 작업이 가능하나 책의 본문 용지가 아트지, 스노우화이트(SW)와 같은 류의 종이나 본문의 g 수가 너무 두꺼워 책이 빠지는 위험이 있을 때 본문만 양장제책에서와 같이 사철로 꿰맨 후 표지를 무선에서 붙이는 작업을 말한다. 그러므로 본문 작업까지는 양장제책이고 표지를 붙이는 작업이 무선제책인 것이다.

> **TIP >> PUR 제책과 광개본 제책**
>
> 제책 방법에는 무선, 양장, 중철이 대표적이며 PUR 제책, 광개본이라는 제책 방법도 있다.
> PUR 제책은 기존의 무선에서 잘 되지 않았던 책이 잘 펼쳐지는 것을 극복한 제책 방법으로 유연성 풀을 사용하여 책이 잘 펼쳐지도록 제책을 하는 제책 방법이다.

단점은 책이 잘 펼쳐지므로 책등 부분이 자국이 나서 출고된 도서의 반품 시 재생을 할 수가 없는 단점이 있다.

광개본 제책은 표지와 본책을 테이프로 발라서 제책하는 기술로 PUR의 단점인 책등의 자국이 많이 생기는 단점을 보완하여 책등이 본책과 떨어지게 하여 제책을 한다. 하지만 광개본 제책은 표지와 책을 연결한 테이프가 떨어지면 표지와 책이 분리가 되는 단점이 있다.

PUR 제책으로 작업된 도서 화면

광개본 제책으로 작업된 도서 화면

05

후가공

일반적으로 출판제작에 많이 적용되는 표지의 후가공 방법인 라미네이팅, 코팅, 스크린(실크) 인쇄, 박 작업, 모양 따기(도무송) 작업, 오시와 미싱, 귀돌이 작업에 대하여 알아본다.

라미네이팅과 코팅의 차이점

코팅은 크게 표지면에 전체적으로 비닐을 씌우는 방법인 라미네이팅(Laminating)과 비닐액을 바르는 코팅(Coating)이 있다.
라미네이팅(Laminating)은 접착액을 발라서 비닐 필름을 종이에 씌우는 것이므로 내습성(습기에 견디어 내는 성질)과 내절성(종이를 접었다 펴는 동작을 반복해도 찢어지지 않는 성질)이 좋다.

라미네이팅은 접착제 여부에 따라 건식과 습식으로 나뉘며 광택에 따라서 유광과 무광으로 나뉜다.

　• 건식 라미네이팅: 가열된 롤러에 의해서 라미네이팅 하는 방식으로 장점으로는 '바가지 현상(말리는 현상)'을 방지하고 라미네이팅 속도가 빠르다. 단점으로는 롤러 압의 차이로 기포가 발생한다.

　• 습식 라미네이팅: 일종의 수증기로 라미네이팅 하는 방식으로 장점으로는 색이 곱고 선명하여(종이와 코팅 용지의 밀착도가

라미네이팅 작업 화면

높아서) 모조지와 특수지에도 효과가 크다. 단점으로는 건조 후 표지의 '바가지 현상(말리는 현상)'이 발생한다.

・유광 라미네이팅: 표지의 표면에 광택이 나는 비닐을 입히는 방법으로 광택성이 뛰어나고 내습성이 좋다.

・무광 라미네이팅: 표지의 표면에 무광(無光)의 비닐을 입히는 방법으로 고급스러운 표현을 하고 싶을 때 주로 사용한다. 유광 라미네이팅과 마찬가지로 내습성이 좋다.

코팅(Coating)은 표지 표면에 액상의 코팅액을 발라서 건조시켜 광을 내는 방법으로 가격은 라미네이팅 보다 저렴하나 내습성(습기에 견디어 내는 성질)은 좋은데 내질성(종이를 접었다 펴는 동작을 반복해도 찢어지지 않는 성질)이 안 좋다. 즉 꺾이는 부분의 깨짐이 크다. 코팅에는 대표적으로 UV 코팅이 있다.

・UV 코팅: UV(Ultra Violet-자외선 차단) 코팅은 표지의 표면에 화학약품 처리를 하여 광택을 나게 하는 방법으로 인쇄물의 색상 변화를 방지한다.

TIP >> 엠보 라미네이팅에 대해서

일반적인 라미네이팅(유광, 무광)이 아닌 모래무늬, 가죽무늬, 격자무늬, 매직무늬, 오로라무늬 등의 라미네이팅 효과를 줄 수 있다. 엠보 라미네이팅은 엠보 라미네이팅 전문 업체에서 작업이 가능하다.

엠보 라미네이팅 작업 화면

스크린(실크) 인쇄

스크린(실크) 인쇄는 실크 망사가 붙은 알루미늄 틀에 화선부(인쇄용 판면에서 인쇄 잉크가 묻는 부분)를 구성하여 망사 구멍으로 잉크를 통과시켜 인쇄하는 공판인쇄 방식을 말한다.

나일론, 스틸 등을 망사로 사용하기 때문에 스크린 인쇄라고 한다. 판면이 유연하여 평면뿐만 아니라 곡면에도 인쇄가 가능하다. 잉크 층이 두꺼워 색상이 밝고 피복력(다른 물질에 잘 발라지거나 퍼지는 힘)이 강하여 벗겨지지 않는다. 유성, 수성, 합성수지 등 소재에 따른 잉크 선택도 자유롭다.

일반적으로 말하는 에폭시는 스크린 인쇄의 두께용 잉크의 한 종류로 두께용 투명 잉크를 말한다. 즉 스크린 인쇄에 사용되는 수많은 잉크의 한 종류이다. 에폭시는 표지 가공 시 유광이나 무광 라미네이팅 후 특정 부분(제목이나 강조할 부분)에 이 작업을 하면 효과적이다.

스크린 인쇄 작업 화면

▲ 건조 중인 스크린 인쇄물 화면 / ▼ 잘 정돈되어 있는 스크린 판 화면

박 작업

박 작업의 종류에는 먹박, 금박, 은박, 홀로그램 박 등이 있다. 작업의 형태에 따라 유광 박 작업, 무광 박 작업으로 나뉜다. 예를 들어 먹박인데 유광으로 하고 싶다면 제작발주서에 유광 먹박이라고 입력하면 된다.
박 작업은 금속을 종이처럼 얇게 펴서 늘린 박지를 이용하여 박을 찍을 인쇄물 위에 찍을 박지(금박, 은박 등)를 올려두고 프레스기를 이용하여 열과 함께 누르면 박이 인쇄물 위에 고정된다.

다음과 같은 구조로 작업이 이루어진다.

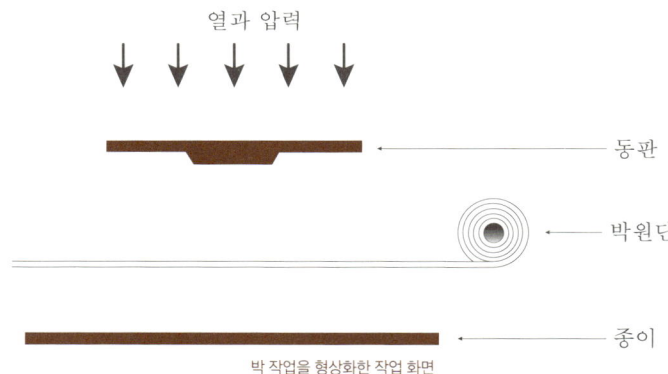

박 작업을 형상화한 작업 화면

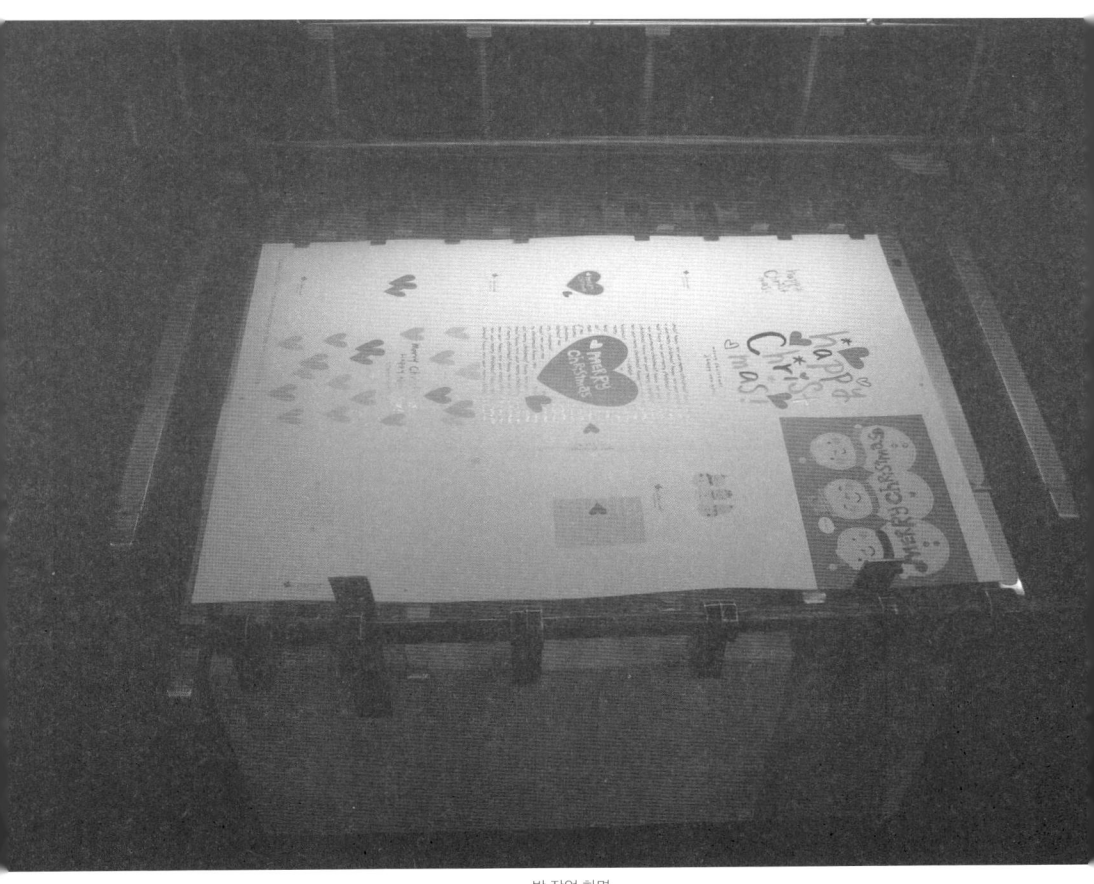
박 작업 화면

참고로 형압 작업도 박 작업과 원리가 같다. 인쇄물과 동판 사이에 박지를 대지 않고 압력을 가하면 된다. 형압은 라운드형과 각형의 두 가지 종류가 있다.

표지의 제목 부분에 형압을 가하면 해당 제목이 입체감 있게 튀어나오는 것 같은 효과를 준다.

다음과 같은 구조로 작업이 이루어진다.

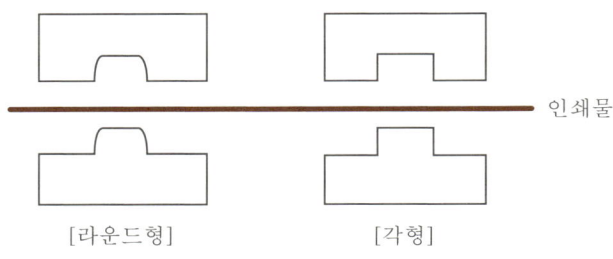

형압 작업을 형상화한 작업 화면

TIP >> 박 작업 비용의 이해

박 작업 비용은 다음의 두 항목이 발생되며 경우에 따라서는 배송 비용이 추가된다.

1. 목형 제작 비용
2. 목형을 이용해서 하는 박 작업 비용
3. 그 외: 물량이 적을 경우 제책사 또는 입고하는 곳까지의 배송 비용이 추가된다.

모양 따기(도무송) 작업

모양 따기 작업을 도무송 또는 톰슨 작업이라고 하기도 한다.

도무송 작업은 곡선으로 되어 있는 인쇄물을 칼에 모양을 맞추어(목형) 제작한 후 프레스기로 찍어내면서 모양을 따내는 작업을 말한다.

> 목형이란?
> 나무 합판에 따내고자 하는 모양 또는 줄(접지선, 오시선, 절취선)을 인쇄물과 동일한 위치에 칼의 두께만큼 홈을 파내고 칼날을 끼워서 제작된 나무 형틀을 말한다. 뒤에 나오는 귀돌이 작업도 도무송 작업으로 처리할 수 있는 작업이다.
> 도무송 작업을 위해서는 작업에 맞는 목형 제작 작업이 먼저 선행되어야 한다. 목형이 제작되어야 프레스기를 이용하여 도무송 작업이 가능하다.

출판사에서 도무송 작업이 들어가는 경우 도무송 필름은 인쇄물 필름을 넘김과 동시에 진행하는 것이 전체 일정을 맞출 수 있다. 도무송 작업은 일반적으로 박스의 전개도 모양 따기 작업에 많이 사용된다.

제작자가 챙겨야 하는 부분은 인쇄물의 인쇄가 끝나면 모양 따기 작업 전 인쇄물과 목형을 맞추어 보는 것이 사고를 미연에 막을 수 있는 방법이다.

직접 방문하여 확인하지 못한다면 인쇄물이 라미네이팅 작업에 넘어갈 때 한 세트만 도무송 작업 업체로 보내어 인쇄물과 목형을 맞추어 보도록 하면 된다. 더 좋은 방법은 도무송 작업이 되었을 때의 최종 작업 인쇄물을 교정지를 이용하여 만든 후 도무송 필름을 넘길 때 같이 넘겨두면 제작업체에서 실수 없이 진행해 준다.

도무송 작업은 곡선의 난이도에 따라 목형의 제작 비용과 작업비가 달라진다.

모양 따기(도무송) 목형 화면

잘 정돈되어 있는 목형 화면

모양 따기(도무송) 작업 화면

> **TIP >> 모양 따기(도무송) 작업 비용의 이해**
>
> 모양 따기(도무송) 작업 비용은 다음의 두 항목이 발생되며 경우에 따라서는 배송 비용이 추가된다.
>
> 1. 목형 제작 비용
>
> 2. 목형을 이용해서 하는 도무송 작업 비용
>
> 3. 그 외 : 물량이 적을 경우 제책사 또는 입고하는 곳까지의 배송 비용이 추가된다.

오시와 미싱 작업

오시 작업은 보통 두꺼운 용지로 인쇄한 인쇄물의 접지 시 종이의 터짐을 방지하기 위하여 접히는 부분을 별도로 압력을 주어 눌러 주는 누름 자국을 말한다.

보통 브로슈어의 경우 종이의 평량이 180g~200g 이상인 경우 오시 작업을 해주면 접지 시 종이의 터짐을 막을 수 있다. 필자의 경험으로는 인쇄물에 라미네이팅을 하는 경우라고 하면 종이의 평량이 180g 이상부터는 오시 작업을 해 주어야 제품이 깔끔하게 나온다고 말할 수 있다.

제책 작업 시 표지 용지가 보통 200g 이상이므로 날개 꺾기 작업 전 오시 작업이 먼저 되면서 날개 꺾기 작업이 이루어진다.

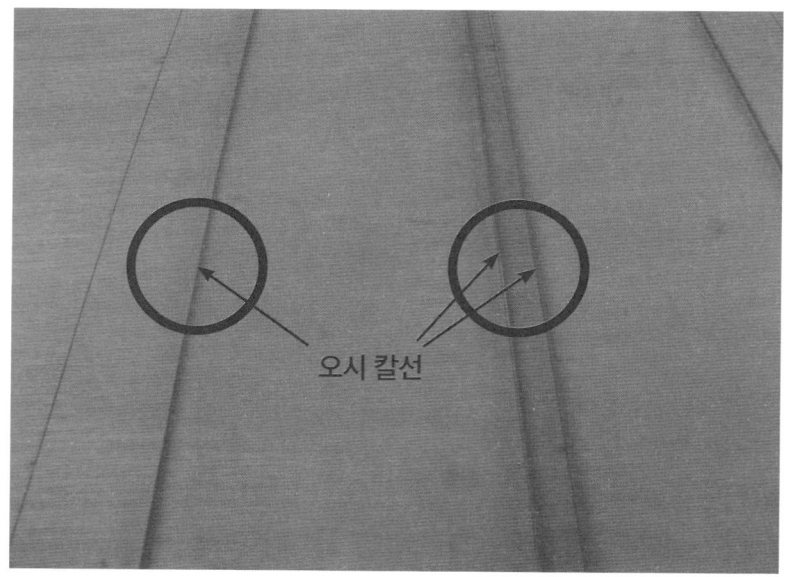

오시 목형 화면

미싱 작업은 인쇄물의 특정 부분이 잘 뜯어지도록 작은 바늘 구멍을 내는 작업을 말한다. 보통 본문 뒤에 엽서나 카드 북, 부록 도서 등이 쉽게 뜯어지도록 작업을 많이 한다. 가장 흔하게 볼 수 있는 우표를 보면 쉽게 이해가 갈 것이다. 이렇게 작업을 하는 것이 미싱 작업이다.

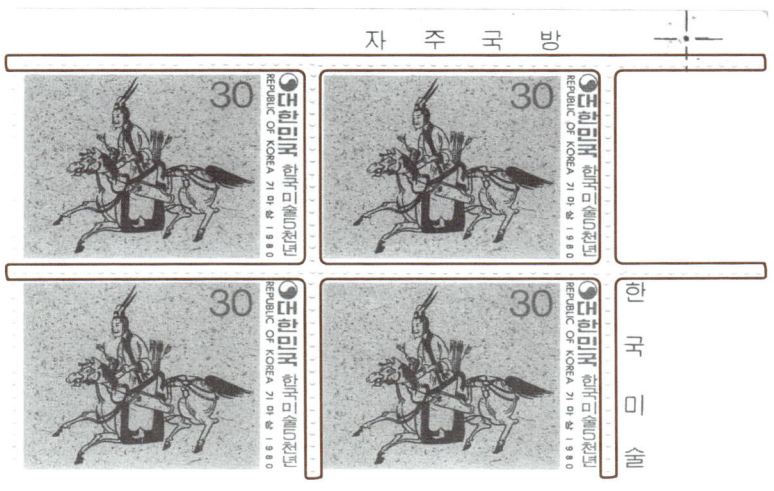

미싱 작업된 우표 화면

TIP >> 오시와 미싱 작업 비용의 이해

오시와 미싱 작업 비용은 다음의 두 항목이 발생되며 경우에 따라서는 배송 비용이 추가된다.

1. 목형 제작 비용

2. 목형을 이용하여 하는 오시 작업 비용 또는 미싱 작업 비용

3. 그 외 : 물량이 적을 경우 제책사 또는 입고하는 곳까지의 배송 비용이 추가된다.

귀돌이 작업

명함이나 카드, 연하장 등을 제작할 때 모서리가 90도로 각진 것을 부드럽게 원하는 각도에 맞게 둥글게 해 주는 작업을 말한다.
귀돌이 작업은 보통 라미네이팅과 같은 후가공이 끝난 후 마지막 작업으로 많이 한다.
귀돌이는 4각 모두 다 하는 경우도 있지만 1각 또는 2각만 하는 경우도 있다.

TIP >> 후가공 필름 제작법

1. 라미네이팅은 별도의 필름 출력 작업이 필요 없다.

2. 부분 UV, 스크린(실크) 인쇄(대표적인 에폭시 작업) 필름의 출력 방법

- 통 필름으로 출력한다. : 46배판의 경우(날개가 있으면 국전지에 3벌)

- 통 필름으로 출력한다. : 신국판의 경우(날개가 있으면 46전지 2절에 3벌)

3. 박, 형압 필름 : 1벌만 출력해도 된다.

4. 모양 따기. 미싱과 오시 필름 : 해당 판형의 절수에 맞도록 출력한다.

06

음반

외국어 전문출판사의 경우 카세트테이프, CD의 제작은 필수적인 작업이었다. 요즘은 카세트테이프의 제작은 거의 없어지고 있으며 CD 제작도 점점 줄어들고 있는 실정이다.

최근에는 녹음을 한 후 오디오 파일을 MP3 파일로 변환하여 회사 홈페이지나 블로그, 회사의 온라인 카페에서 무료로 다운로드할 수 있도록 하고 있다.

출판사에서의 음반 제작과 전체 제작 스케줄과의 연관성에 대하여 알아보겠다.

녹음 스케줄 잡기

외국어 책의 경우 본문과 관련된 외국어를 녹음해서 부록으로 제공하는데 녹음 스케줄은 녹음 업체와 담당 편집자가 시간을 잡고 진행한다. 녹음 자는 저자가 될 수도 있고 전문 녹음 자를 선정하여 녹음을 진행할 수도 있다. 녹음자의 경우 거래하는 녹음 업체에 요청을 하여도 되고 녹음 진행자를 직접 섭외하여도 된다(녹음실에 부탁을 하면 거래하는 곳의 성우들을 소개해 준다).

스튜디오 사용료는 별도이며 성우들의 비용은 보통 시간당 100,000원~120,000원 정도이다.

녹음 업체에서 외주를 주어 섭외하는 외국인 성우의 경우 수준 차이가 나므로 잘 확인한 후 진행해야 한다. 무조건 저렴하다고 좋은 것은 아니며 수준이 높은 성우의 경우 좀 더 비용을 지급해야 한다는 사실을 인식하자.

TIP >> 외국어 여행 회화 책의 녹음 노하우

여행 회화 책의 경우 책의 본문 원고를 필름으로 출력하기 전에 먼저 외국인 성우로 하여금 녹음을 진행시켜 보면 작가가 작성해온 원고의 내용이 좀 오래된 회화 표현이거나 잘 사용하지 않는 회화 표현이라는 것을 발견할 수 있다. 여행 회화 원고를 녹음 자에게 주면서 표현이 다른 것을 확인해 달라고 하면 책의 완성도를 좀 더 높일 수 있다.

CD만 제작하는 경우

녹음 작업을 하지 않고 데이터만 CD로 제작하는 경우 CD로 만들 데이터 내용을 CD에 복사를 한다. CD 안에 폴더 또는 여러 내용들을 잘 정리를 한 후 복사를 하는데 이것이 마스터 CD가 되는 것이다. 이 마스터 CD를 CD 전문 제작업체에 넘겨주면 된다. 보통 2,000개까지는 스탬프 비용을 받지 않는다.

스탬프 비용이라는 것은 CD의 한쪽 면에 인쇄를 하기 위하여 제작되는 동판과 그 동판을 이용하여 인쇄되는 인쇄 비용을 말한다(실질적으로는 동판 제작 비용이다).

녹음실 화면

계산을 해보면 CD 1,000개를 만들고 스탬프 비용을 발생시키는 것보다 2,000개를 만드는 것이 더 저렴하다는 결론이 나온다. 스탬프 제작을 위해서는 CD의 한쪽 면에 인쇄될 내용을 필름이나 데이터로 CD 제작업체에 전달을 해야 한다.

필름 출력의 경우 출력 선수는 170선으로 하고 '네거티브 하막'으로 출력을 해서 넘긴다. 그러면 제작업체에서는 패드(PAD) 인쇄를 한다. 요즘은 대부분 데이터로 자료를 넘기는 추세이다.

초판 3,000개의 CD를 제작하는 경우 총 음반 제작비에서 CD 제작비가 차지하는 비율은 낮다. 대부분 녹음비, 편집비, BGM(배경음악), 편곡비, 성우료 등에서 대부분의 금액이 청구된다. 이상의 비용에 대해서는 뒤에서 다시 상세히 설명하기로 하겠다.

음반 제작과 전체 제작 스케줄

외국어 출판사에서 부록으로 들어가는 CD의 경우 대부분 책에 CD가 부착된다. 부착이 되는 방법으로는 고주파 비닐에 CD를 넣어서 봉한 후 스티커를 이용하여 책의 표지 뒷면에 부착하거나 제본 시 책의 특정 대수 다음에 들어가도록 하여 제책이 되기도 한다. 그 외에 부록 CD가 여러 장인 경우 비닐각에 넣어서 고주파 비닐로 눌러 고정을 시킨 비닐 덮개를 책에 씌우기도 한다.

음반이 들어가는 책의 경우 제작 스케줄을 맞추려면 녹음을 먼저 해야 하며 본책의 데이터가 넘어가는 시점에 최종 마스터 CD와 CD 라벨 필름(또는 데이터)을 음반 제작처에 넘겨야 한다.

본책의 인쇄 작업이 진행되는 기간 중에 CD의 제작이 들어갈 것이고 본책의 인쇄가 끝나서 제책사에 넘어가는 시점에 고주파 비닐로 작업된 CD가 제책사로 입고가 될 것이다(대략 3일~5일 정도 걸린다). 그러면 본 책의 무선 작업 중 고주파 처리된 CD를 넣어서 제책이 가능하고 표지 뒷면에 붙이는 작업이라면 본책이 제책이 완료된 후 작업하면 된다.

여기서 제작 담당자는 최종적으로 완성된 CD의 내용이 정확한지를 담당 편집자에게 확인을 해주면 좋다. 책이 물류센터를 통해 출고되기 전에 만 잘못된 부분을 발견하더라도 큰 피해를 줄일 수 있다. 가장 좋은 것은 본책에 CD가 부착되기 전에 확인하는 것이 가장 좋다.

3,000개 기준으로 음반의 제작 기간은 2일~3일 정도이고 고주파 작업이 있는 경우 1일~2일이 더 추가된다. 그러므로 CD의 원본이 음반 제작처로 넘겨지고 나서 CD의 제작 기간을 1주일 정도로 계산을 해서 제작 스케줄을 진행하면 될 것이다.

CD 고주파 작업 화면

각종 철형들

07

제작비 결제방법

출판사 자금의 흐름과 제작처에서 올라오는 청구서 검토 시기 및 결재 장부 작성에 대하여 알아보고 신뢰를 지킬 수 있는 결제 시스템 마련에 대해서 알아보겠다.

출판사의 수금과 현실

출판사는 매달 정해진 결재일에 맞추어 서점을 직접 방문하거나 지정한 은행으로 돈을 받는다. 보통 10일, 15일, 30일(31일)이 가장 큰 수금일이다. 어음이 점점 사라지고는 있지만 아직도 어음으로 결제를 받는 현실을 묵과할 수는 없다.

필자가 총무 부장으로 있을 당시에는 대형 서점을 비롯한 재무상태가 좋은 곳에서 발행되는 어음은 은행에서도 진성어음으로 분류를 하여 어음할인 이율을 낮게 해준다. 그래서 주로 은행에서 진성어음을 할인해서 현금화하였다. 진성어음의 경우 어음할인 이율이 낮으므로 가능하면 진성어음 위주로 하고 그다음으로는 날짜가 짧은(어음 만기일이 가까운) 순으로 어음할인을 했다. 어음할인을 해서 현금화할 어음을 남겨두고 약속어음, 당좌수표, 가계수표, 종이어음(일명 문방구 어음)을 제작처에 골고루 섞어서 결제를 했다.

출판사에서 서점이나 총판에서 받아 오는 어음의 기간은 3개월~5개월로 발행하는 업체에 따라 많이 다르다. 그러므로 제작처에 결제로 넘기는 어음도 기간이 3개월~5개월로 보면 된다.

제작처 입장에서는 현금 결제를 해주는 곳이 제일 좋겠고 그다음이 은행도 타수 약속어음(서점이나 총판에서 받은 어음을 출판사에서 배서를 한 어음)이 좋겠고 그다음이 가계수표, 당좌수표 순이다.

제일 받기 싫어하는 것이 종이어음(일명 문방구 어음)인데 그 이유는 결제가 만기인 날에 이루어지지 않고 때론 직접 받으러 가야 하기 때문이다.

간혹 지업사에서 출판사에 담보를 요구하는 경우는 출판사에서 자가어음(출판사에서 발행하는 은행도 어음)을 발행하는 경우이다. 제작 담당자는 이러한 결제 시스템을 알고 순리에 맞는 결제 시스템을 만들 필요가 있다.

청구서 검토와 결제일

제작처에서 전달 1일부터 30일까지 제작한 제작물에 대한 청구서를 이번 달 10일 전에 출판사로 청구서를 보내 준다(팩스 또는 방문해 전달). 청구서가 이상 없다면 10일 전에 세금계산서를 발행하는 것이 일상적인 일이다.

각 제작처의 청구서는 제작 단가표에 의하여 작성되는데 청구서 검토는 제작자의 업무 중 가장 중요한 업무 중 하나이다. 특히 지난달 사고 처리를 장부에서 공제를 하기로 했다면 그 부분이 잘 이루어졌는지 확인해야 한다.

필자의 경우 이번 달 사고가 난 경우 다음 달 결제 시 장부에서 공제를 하기로 했다면 그 비용과 내용을 문서화하여 대표자에게 결재를 받은 후 별도로 보관을 하고 업무 다이어리에 표기를 해두고 확인하였다.

출판사마다 다르겠지만 보통의 경우 지난달 1일에서 30일(31일)까지 제작된 제작물에 대한 결제는 당월 25일에서 30일에 사이에 처리를 한다. 간혹 이번 달 말일에 처리가 안 되면 다음 달 5일 전에서는 처리를 하였다.

다음은 거래처의 결재 장부인데 이렇게 업체별 잔액과 청구액, 결제액을 매달 정리하면 그 관리가 아주 편하다. 이러한 제작비 결재 장부를 도입하지 않은 곳이라면 지금부터라도 도입을 해야 할 것 같다. 사람은 떠나도 장부는 남아서 과거를 이야기해주기 때문이다.

제작 사고나 특이한 점이 있다면 제작비 결재 장부에 같이 철을 해두면 나중에 제작처와의 결제 잔액이 맞지 않을 때 진실을 밝히는데 유리하다.

20XX년

OO월분 거래처 지불 예정 내역

결 재				
담당자	관리	영업	편집	대표
전결	전결	전결		

20XX년 XX월 XX일		청구서 기간 :	20XX년 XX월 1일 ~ 31일				
거래처 상호	업종	전 잔액	청구 금액	총 잔액	지불 예정	최종 지불액	비 고
OO지업	지업사	500,000	2,500,000	3,000,000	3,000,000		
OO지업		300,000	1,200,000	1,500,000	1,500,000		
OO제책	무선	250,000	575,000	825,000	800,000		
OO제책		-	235,000	235,000	235,000		
OO제책	중철	-	-	-	-		
OO인쇄	인쇄	-	789,000	789,000	700,000		
OO인쇄		-	489,000	489,000	400,000		
OO사	코팅	-	160,000	160,000	160,000		
OO사		-	50,000	50,000	50,000		
OO박	금박	-	298,000	298,000	298,000		
합계		1,050,000	6,296,000	7,346,000	7,143,000		

*

투데이북스

제작거래처 지불 장부 화면

신뢰를 지키는 결제 시스템 마련하기

요즘과 같이 책이 안 팔리는 현실 앞에서 출판사는 물론이고 제작처들도 모두 힘이 든다. 하지만 제작물에 대한 제작비를 매달 미루다 보면 나중에는 감당하기 힘들게 되므로 매달 콩 한쪽을 나누는 심정으로 결재를 해나가는 것이 좋다. 부득이하게 이번 달 결제를 한 달 뒤로 미루어야 할 경우 사전에 제작처에 이야기를 하여 서로 의논을 하는 것이 좋다.

필자의 경험으로 줄 돈 잘 주고, 신뢰를 쌓아나가는 업체가 결국에는 좋은 기업으로, 성공하는 기업으로 성장을 하는 것을 보아왔다. 나의 어려움만이 어려움이 아니라 타인의 어려움도 살펴가도록 미리미리 준비를 하자. 제작 담당자는 원활한 결제가 이루어질 때 그 역할을 100% 발휘할 수 있다는 것을 알자.

제작처의 결제일은 제작 담당자가 청구서 검토를 마친 후 그다음으로 장부를 정리를 해서 결재를 받고 제 날짜에 처리가 되도록 신경을 써야 한다.

몇 년 전 제작처 사장님이 필자에게 하신 말씀이 생각이 난다.
'제작비 정확히 결제해주는 업체의 일은 더 신경이 가고 더 열심히 해주게 되더라. 왜냐하면 결제를 바로바로 해주니 1순위로 신경이 쓰일 수밖에 없지 않은가?'

제작발주서 작성을 위해서는 제작을 하려는 도서의 제작사양서를 확보해야 한다. 편집부나 디자인 부서에서 받거나 제작자가 제작사양을 파악해야 한다. 이러한 작업이 있어야 추후 제작 사고시 누가 전달을 잘하고 못했는지를 파악하는 가장 기초적인 자료가 되는 것이다.

제작발주서 작성을 위한
기본 지식

01

근간 교재 사양서 작성

각 출판사마다 제작발주서의 양식은 대부분 다르다. 보통 제작발주서에는 도서의 제목, 판형, 본문 페이지, 초판 판권일, 본문과 표지 도수, 표지 날개의 유무, 제책 방법, 라미네이팅과 같은 후가공 방법과 필요한 종이 연(R) 수 등이 표기된다.

제작발주서 작성을 위해서는 제작을 하려는 도서의 제작사양서를 확보해야 한다. 편집부나 디자인부서에서 받거나 제작자가 제작사양을 파악해야 한다. 이러한 작업이 있어야 추후 제작 사고 시 누가 전달을 잘하고 못했는지를 파악하는 가장 기초적인 자료가 되는 것이다.

제작의 실수를 밝히는 자료를 떠나서 〈신간〉 제작에 가장 기초적인 정보가 되는 제작사양서는 매우 중요하고 그 작성법 또한 매우 신중하게 작성되어야 한다.

도서의 제작사양서를 여기서는 [근간 교재 사양서]라고 부르겠다. [근간 교재 사양서]에는 다음과 같이 도서명, 판형, 페이지, 제책 방법. 사용할 종이 등을 입력하여 전달한다. 제작자는 [근간 교재 사양서]를 가지고 제작발주서를 작성하면 된다.

근간 교재 사양서

도서명		내 출판사 창업 성공하기				
판형 / 면수		판형(신국판 : 152mm×225mm) / 면수 - 256쪽				
제책 방법		무선				
날개 유무		有				
CD 유무		無				
출력 예정일		20XX년 XX월 XX일				
인세 / 계약금		인세 - 7% / 계약금 - 30만원				
가격 / 제작부수		가격 - 15,000원 / 제작부수 - 1,200부				
종이	내지	백상지(백색) 100g				
	표지	아트지 250g				
	면지	매직칼라 연보라색 120g				
인쇄 도수	내지	2도 / 4도(부분)				
	표지	4도				
	면지	인쇄 없음				
비고		* 표지 후가공 - 가죽무늬				
확인		편집담당	디자인담당	편집장	제작담당	영업담당

제작발주서 작성 시 제작 담당자가 가장 먼저 확인하는 것이 제작 판형이고 그다음이 본문 페이지가 대수에 맞도록 페이지가 작업되어 있는지를 확인한다. 그리고 판형이 맡는 본문 용지와 표지 용지의 규격을 결정한다.

투데이북스 제작발주서(신간)

도서명	내 출판사 창업 성공하기		북줌(BookZle) 활용 시리즈 08
판형	신국판(152mm×225mm)	발주일	20XX년 XX월 XX일
판쇄(발행일)	초판 1쇄(20XX년 XX월 XX일)	제작 부수	1,200부
본문 쪽수	256쪽(2도/4도)	제본/후가공	무선 / 가죽무늬 라미네이팅
<전달사항>	· 출판사 담당자 : 홍길동(010-1234-5678)		

◆ ○○지류 :

	항목	종류	색상	무게	규격	정미	여분	주문량(합계)
종이	표지	아트지	백색	250g	46전지 횡목	200매	100매	300매
	본문2도	백상지	백색	100g	국전지 종목	16.8연	2.1연	19연
	본문4도	백상지	백색	100g	국전지 종목	2.4연	0.5연	3연
	면지	매직칼라	연보라색	110g	46전지 종목	240매	60매	300매

<전달사항>
1. 표지, 본문 용지 입고처 : ○○인쇄(031-123-4567)
   - 경기도 파주시 ○○○ ○○○
2. 면지 입고처 : ○○제책사(031-234-5678) 일산 장항동

◆ ○○출력(CTP) :   ◆ ○○인쇄 :

	구분	도수	절수	<작업내용>	<특이사항>
인쇄	표지	4도	3절	날개 유	46전지 2절에 3벌
	본문	2도/4도	16절	DIC : 579s	1. 2도: 1P~224P / 4도: 225P~256P 2. 인쇄 후 가제본 우편 발송해 주세요 - 서울시 성북구 ○○○ ○○○ ○○○
	띠지	없음	없음		

<전달 사항>
1. 인쇄소 : 가제본 부탁드려요~~~
2.

◆ ○○라미네이팅(가죽무늬) _ 031-932-4565

	구분	절수	<작업내용>	<특이사항>
후가공	표지	46전지 2절에 3벌	가죽무늬 엠보라미네팅	가죽무늬 엠보라미네팅
	띠지	없음		

◆ ○○제책사 :

제본	제본방식	무선(본문2도 +본문4도)	부탁말씀	1. 면지는 앞 뒤 각 2장씩입니다. 2. 입고처 : ○○물류 : [(031)345-6789] - 경기도 파주시 탄현면 ○○○ ○○○
	표지날개	유		

서울시 성북구 ○○○ ○○○ ○○○ | 전화 070)7136-5700 | 팩스 02)6937-1860
(이 시대가 원하는 책) 투데이북스(www.todaybooks.co.kr)

제작발주서 샘플 화면

02

책의 판형별 본문 절수

제작발주서를 작성하기 위해서는 가장 먼저 본문과 표지의 용지 계산이 이루어져야 한다.

지금부터 아주 중요한 설명들을 하겠다.
가장 먼저 책의 판형별 본문의 절수와 표지의 절수를 설명하고 그에 따른 본문과 표지 용지의 정미와 여분 계산을 하는 방법에 대하여 설명한다. 만약, 이해가 되지 않는다면 도표로 설명하는 **책의 판형별 본문 절수(P80에 있음)**와 **책의 판형별 표지 절수(P87에 있음)**를 보면서 〈신간〉을 발주하면 된다.

필자 또한 처음부터 책의 판형별 본문 절수와 책의 판형별 표지 절수에 있는 내용을 암기하고 제작 업무를 시작한 것이 아니라 정리된 도표를 발주 때마다 보면서 제작발주서를 작성했다. 몇 년이 지나니 자연스럽게 그 내용이 이해가 되면서 머리에 남게 되었다.

책의 판형별 본문 절수

종이 종류	판형	설명	전지 1장당 절수(쪽)	사이즈(mm)	종이결
국전지 (636mm×939mm) (63.6cm×93.9cm)	국반판	신국판의 반	32절[64쪽(Page)]	105×148	횡목
	국판	신국판에서 변형	16절[32쪽(Page)]	148×210	종목
	신국판		16절[32쪽(Page)]	152×225	종목
	국배판	신국판의 배	8절[16쪽(Page)]	210×297	횡목
46전지 (788mm×1,091mm) (78.8cm×109.1cm)	46반판	46판의 반	64절[128쪽(Page)]	90×118	종목
	46판	46배판의 반	32절[64쪽(Page)]	127×188	횡목
	46배판		16절[32쪽(Page)]	188×257	종목
	46배 변형판	46배판에서 변형	16절[32쪽(Page)]	188×257 이하 176×248 이상	종목
대국전지	크라운판		16절[32쪽(Page)]	176×248	종목
	크라운 변형판		16절[32쪽(Page)]	크라운에서 변형	종목

※ 46판, 국반판, 국배판만 종이결이 횡목이고 그 외는 종목을 사용한다.

이상의 도표를 보면 전지는 국전지, 46전지, 대국전지의 3종으로 대부분 책들의 본문을 인쇄하는 것을 알 수 있다. 앞에서 설명했듯이 46전지(46全紙 : 788mm×1,091mm), 국전지(菊全紙 : 636mm×939mm)가 가장 많이 사용되며 대국전지 또한 많이 사용되는데 720mm×1,020mm가 가장 대표적이며 700mm×1,000mm도 많이 사용된다. 대국전지에 대한 정보는 거래하는 지업사를 통하여 더 상세하게 알 수 있으며 종이가 항상 있는 것이 아니므로 판형에 맞는 대국전지를 사용하려면 최소 1개월 전에 준비를 해 두어야 한다.

판형에서 국반판, 국판, 신국판, 국배판은 본문 용지를 국전지로 사용한다(판형에 '국'자가 있으니 국전지라고 외우자). 다시 판형에서 46반판, 46판, 46배판, 46배 변형판은 본문 용지를 46전지로 사용한다(판형에 '46'자가 있으니 46전지라고 외우자).

대국전지(720mm×1,020mm)로는 판형의 사이즈가 176mm×248mm의 책을 제작할 수 있다.

본문의 경우 국전지(636mm×939mm)로 제작할 수 있는 대표적인 판형이 신국판(152mm×225mm)이다. 신국판의 절수는 앞면 16쪽, 뒷면 16쪽이므로 32쪽이 된다.

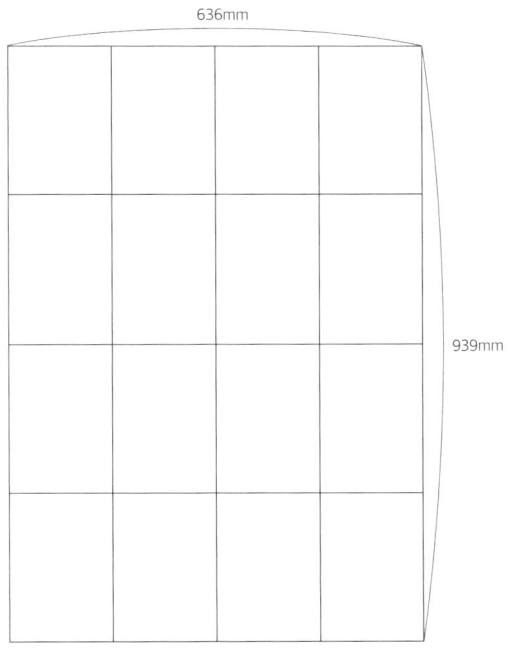

국전지의 절수 : 앞면 16P, 뒷면 16P

신국판(152mm×225mm)의 절반이 국반판(105mm×148mm)이다. 신국판의 쪽수가 32쪽이므로 국반판은 64쪽이 된다. 즉 국반판 2권을 합치면 신국판이 되는 것이다.

신국판(152mm×225mm)의 배가 국배판(210mm×297mm)이다. 신국판의 쪽수가 32쪽이므로 국배판은 16쪽이 된다. 즉 신국판 2권을 합치면 국배판이 된다.

국판(148mm×210mm)은 신국판(152mm×225mm) 보다 가로, 세로가 조금씩 작은 책이므로 신국판과 동일한 32쪽이 나온다.

본문의 경우 46전지(788mm×1,091mm)로 제작할 수 있는 대표적인 판형이 46배판(188mm×257mm)이다. 46배판의 절수 또한 앞면 16쪽, 뒷면 16쪽이므로 32쪽이 된다. 대신 국전지가 아니라 더 큰 전지인 46전지일 때를 말한다. 그런데 보통 46전지로 인쇄를 하지 않고 46전지 2절(788mm×545.5mm)로 인쇄를 하므로 앞면 8쪽, 뒷면 8쪽의 절수가 나온다.

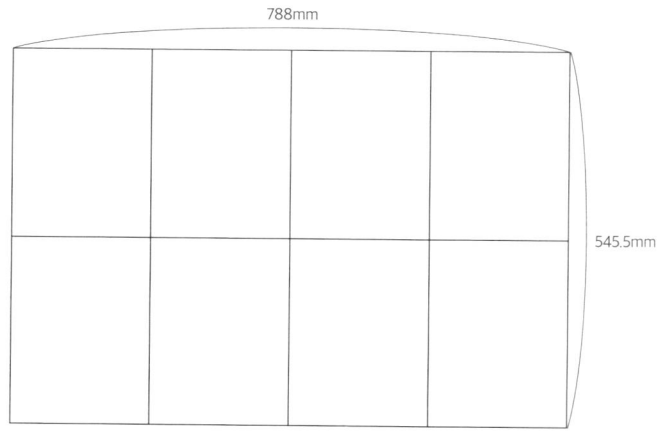

46전지 2절의 절수 : 앞면 8P, 뒷면 8P(46전지의 절수 : 앞면 16P, 뒷면 16P)

46배판(188mm×257mm)의 절반이 46판(127mm×188mm)이다. 46배판의 쪽수가 32쪽이므로 46판은 64쪽이 된다. 즉 46판 2권을 합치면 46배판이 되는 것이다.

46판(127mm×188mm)의 절반이 46반판(90mm×118mm)이다. 46판의 쪽수가 64쪽이므로 46반판은 128쪽이 된다. 즉 46반판 2권을 합치면 46판이 된다.

46배판 변형은 책 사이즈가 46배판(188mm×257mm)이하이고 크라운판(176mm×248mm)이상의 사이에서 만들어지므로 46배판과 동일한 절수인 32쪽이 된다.

대국전지(720mm×1,020mm)의 경우 크라운판(176mm×248mm)을 제작할 때 많이 사용된다.

인쇄비를 책정할 때 국전지로 인쇄할 때와 46전지로 인쇄할 때가 다르듯이 대국전지로 인쇄 시 도당 인쇄비가 차이가 난다. 그러나 46전지로 인쇄할 때 보다 대국전지로 인쇄 시 인쇄비가 더 저렴하다.

크라운 변형판으로 책을 제작 시 대국전지를 못 구하는 경우 46전지 2절로 인쇄를 하지 말고 46전지(788mm×1,020mm)를 대국전지(720mm×1,020mm)로 재단을 해서 인쇄를 하면 인쇄 판값과 도당 인쇄 비용을 절약할 수 있다. 대국전지가 많이 생산되지 않기 때문에 한 달 전에 미리 사용할 용지를 확보해 두는 것이 좋다.

본문 용지를 선택한 후 용지의 종이결을 선택하는데 46판, 국반판, 국배판만 본문 종이결을 횡목으로 사용하고, 나머지는 모두 본문 종이결을 종목으로 사용한다.

종이결의 선택은 제작 담당자에게 있어서 매우 중요한 작업이다. 본문 종이결을 잘못 선택하는 경우 책이 잘 넘겨지지 않으며 책을 펼치면 본문의 중간 부분이 주글주글하게 보이게 된다.

출판사에서 용지를 발주하는 경우 종이결을 잘 표기해 주어야 한다. 지업사는 출판사에서 주문하는 종이(지종) 및 그에 맞는 종이결을 입고하기 때문에 1차적으로 출판사에서 제대로 발주를 해 주어야 한다. 간혹 인쇄소에서 인쇄 전에 종이결이 잘못되었다고 연락을 주기는 하지만 그렇게 많은 경우는 아니다.

한눈으로 보는 책의 판형별 크기

국전지, 46전지, 대국전지와 같은 전지 종이는 다음과 같이 절수를 낼 수 있다.

정상적으로 내는 절수와 길게 내는 절수를 비교해보자.

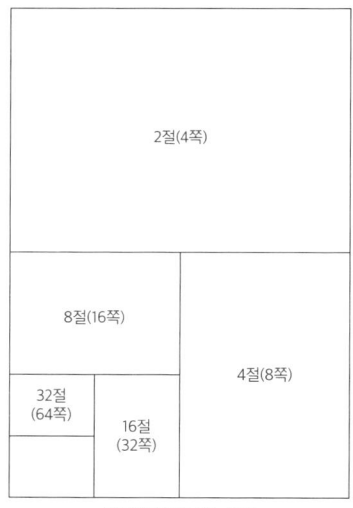
정상적인 절수 내는 방법

길게 절수 내는 방법

단위: mm

타블로이드판(B4) 254×374

국배판(A4) 210×297

46배판(B5) 188×257

신국판 152×225

국판(A5) 148×210

46판(B6) 127×188

국반판(A6) 105×148

한눈으로 보는 책의 판형별 크기

03

책의 판형별 표지 절수

본문의 종이 절수를 알고 그에 따른 발주를 했다면 그 다음은 판형에 따른 표지의 절수에 대하여 알아보겠다.

표지 용지로 사용되는 전지는 국전지(636mm×939mm / 63.6cm×93.9cm)와 46전지(788mm×1,091mm / 78.8cm×109.1cm)가 있다.

표지의 용지 선택은 본문과 반대로 생각하면 된다.

국전지로 인쇄할 수 판형의 표지는 46배판, 46판이고 46전지로 인쇄할 수 있는 판형의 표지는 신국판, 국반판이다(표지는 전지와 반대로 생각해서 외우면 된다. 국전지는 46판형이고 46전지는 신국판형으로 외우자). 여기서 별도로 알아둘 것이 국배판이다.

참고로 표지는 본문 용지와 다르게 변수가 많다. 책등이 아주 많이 넓다든지 책 사이즈가 변형판으로 제작이 되는 경우 일일이 계산을 해야 한다. 여기서 설명하는 책의 판형에 따른 표지 절수는 일반적인 것임을 밝혀둔다. 일반적인 책의 경우 다음의 절수에서 크게 벗어나지 않는다는 말이다.

책의 판형별 표지 절수

종이 종류	내용	비고
국전지 (636mm×939mm) (63.6cm×93.9cm)	46배판을 국전지에 3벌 앉힐 수 있다(종이결 종목).	날개가 있는 경우
	날개가 없는 경우 46배판을 국전지에 4벌 앉힐 수 있다 (종이결 횡목).	날개가 없는 경우
	46판은 국전지에 6벌 앉힐 수 있다(종이결 횡목).	날개가 있는 경우
	46판은 국전지에 8벌 앉힐 수 있다(종이결 종목).	날개가 없는 경우
	국배판의 경우 4벌을 앉힐 수 있다(종이결 횡목).	날개가 없는 경우
46전지 (788mm×1,091mm) (78.8cm×109.1cm)	신국판 또는 국판의 경우 46전지에 6벌 앉힐 수 있다 (46 2절에 3벌씩, 종이결 횡목).	날개가 있는 경우
	신국판 또는 국판의 경우 46전지에 8벌 앉힐 수 있다 (46 2절에 4벌씩, 종이결 종목).	날개가 없는 경우
	국반판의 경우 46전지에 12벌 앉힐 수 있다 (46 2절에 6벌씩, 종이결 종목).	날개가 있는 경우
	국반판의 경우 46전지에 16벌 앉힐 수 있다 (46 2절에 8벌씩, 종이결 횡목).	날개가 없는 경우

국전지(636mm×939mm / 63.6cm×93.9cm)로 46배판의 표지를 작업하는 경우 표지에 날개가 있는 경우에는 국전지에 3벌로 작업이 된다. 표지에 날개가 없는 경우에는 국전지에 4벌로 작업이 된다.
종이결의 경우 국전지에 3벌인 경우에는 종이결이 종목이 되고 국전지에 4벌인 경우에는 종이결이 횡목이 된다.

다음은 국전지에 46배판 표지를 3벌(날개가 있는 경우) 작업한 것과 국전지로 46배판 표지를 4벌(날개가 없는 경우) 작업한 것이다.

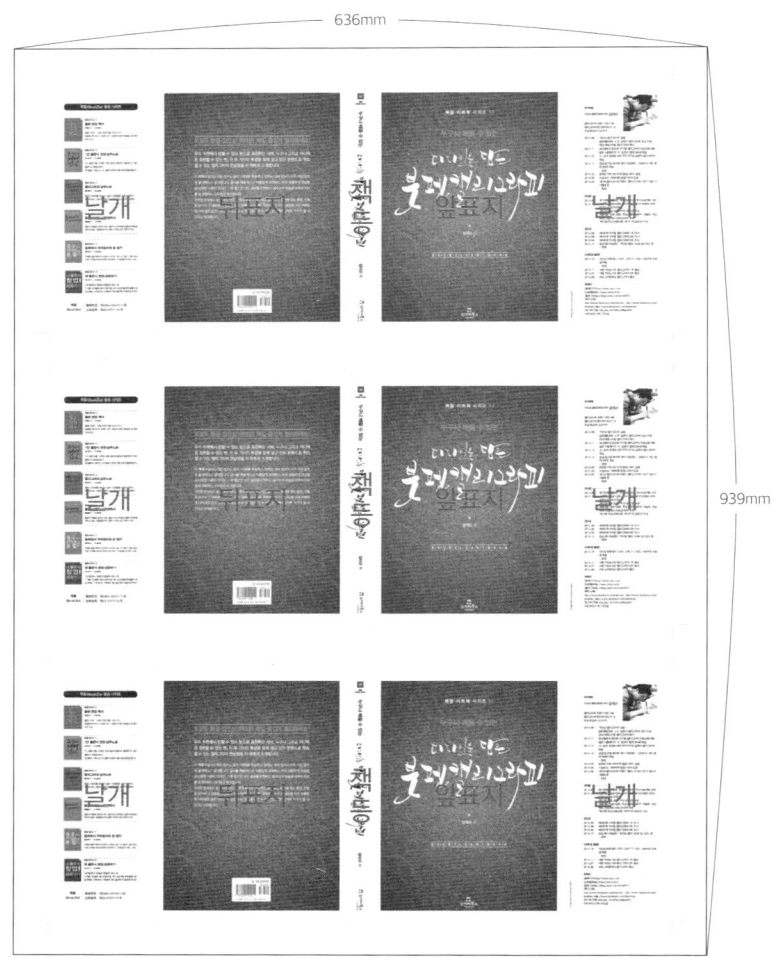

국전지에 46배판 표지를 3벌(날개가 있는 경우) 작업한 화면

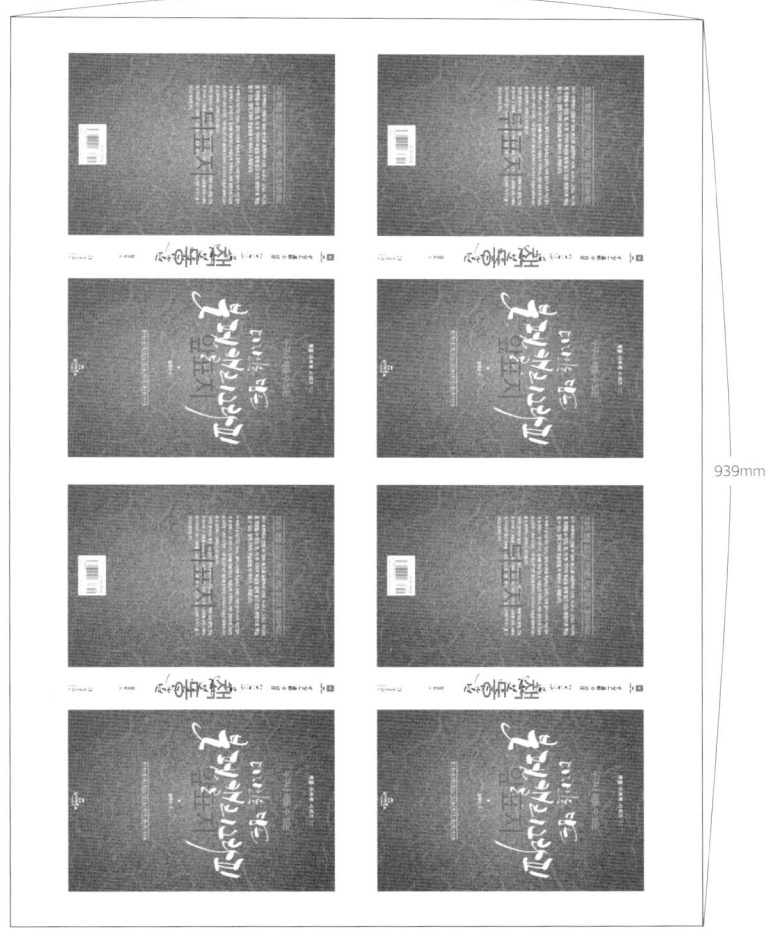

국전지에 46배판 표지를 4벌(날개가 없는 경우) 작업한 화면

국전지(636mm×939mm / 63.6cm×93.9cm)로 46판의 표지를 작업하는 경우 표지의 날개가 있는 경우에는 국전지에 6벌로 작업이 된다. 표지에 날개가 없는 경우에는 국전지에 8벌로 작업이 된다.

종이결의 경우 국전지에 6벌인 경우에는 종이결이 횡목이 되고 국전지에 8벌인 경우에는 종이결이 종목이 된다.

다음은 국전지에 46판 표지를 6벌(날개가 있는 경우) 작업한 것과 국전지로 46판 표지를 8벌(날개가 없는 경우) 작업한 것이다.

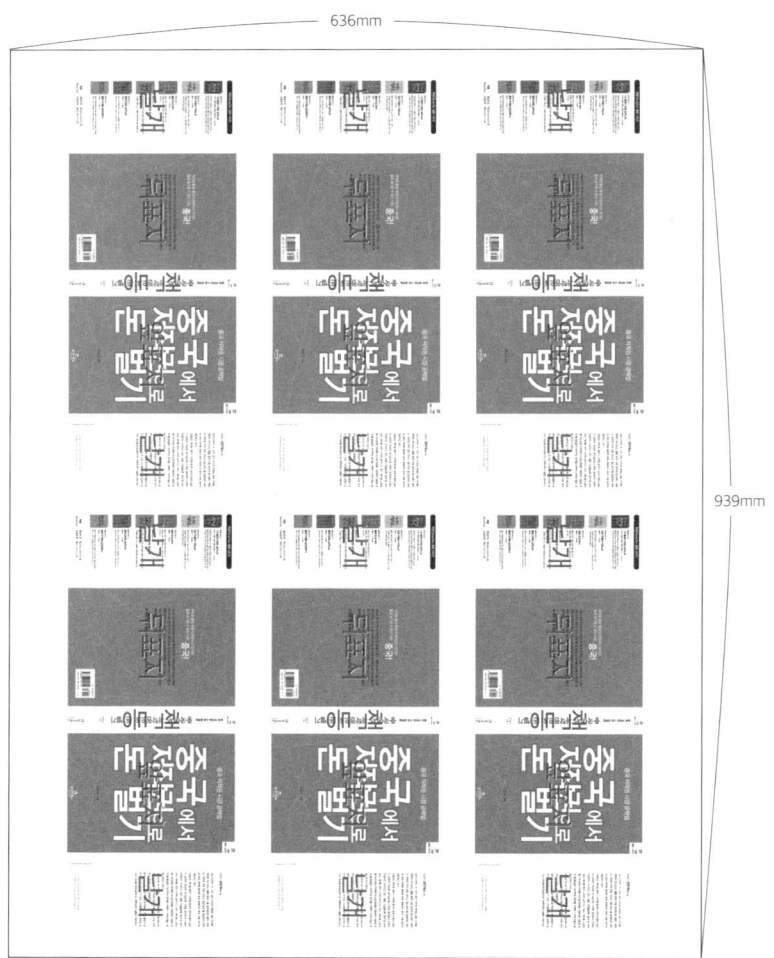

국전지에 46판 표지를 6벌(날개가 있는 경우) 작업한 화면

국전지에 46판 표지를 8벌(날개가 없는 경우) 작업한 화면

국배판의 경우 보통 표지의 날개가 없다. 표지의 날개가 없는 경우 그리고 책등이 30mm 이상이 아니라고 한다면 국전지에 4벌로 작업이 가능하다.

국전지에 46배판 표지를 4벌(날개가 없는 경우) 작업한 화면과 같이 작업을 하면 된다. 국배판의 경우 책의 책등의 넓이에 따라서 작업이 안 될 수도 있으므로 잘 계산을 해주어야 한다.

종이의 결도 국전지에 46배판 표지를 3벌(날개가 있는 경우) 작업한 화면이 종이결이 종목이 되고 국전지에 46배판 표지를 4벌(날개가 없는 경우) 작업한 화면이 종이결이 횡목이 된다. 이 두 가지만 이해하고 방향을 알아 두자. '이런 방향이 종목이고 이 방향이 횡목이다' 정도로 말이다.

> 46전지(788mm×1,091mm / (78.8cm×109.1cm)로 보다는 46전지 2절(788mm×545.5mm / (78.8cm×54.51cm)로 인쇄를 많이 한다. 46전지 2절로 신국판(국판)의 표지를 작업하는 경우 표지의 날개가 있는 경우에는 46전지 2절에 3벌로 작업이 된다(46전지 일 때는 6벌). 표지에 날개가 없는 경우에는 46전지 2절에 4벌로 작업이 된다(46전지 일 때는 8벌이 된다).

종이결의 경우 46전지 2절에 3벌인 경우에는 종이결이 횡목이 되고 46전지 2절에 4벌인 경우에는 종이결이 종목이 된다.

다음은 46전지 2절에 신국판(국판) 표지를 3벌(날개가 있는 경우) 작업한 것과 46전지 2절 신국판(국판) 표지를 4벌(날개가 없는 경우) 작업한 것이다.

46전지 2절에 신국판(국판) 표지를 3벌(날개가 있는 경우) 작업한 화면

46전지 2절에 신국판(국판) 표지를 4벌(날개가 없는 경우) 작업한 화면

46전지 2절로 국반판의 표지를 만든 경우 표지의 날개가 있는 경우 46전지 2절에 6벌로 작업이 된다(46전지일 때는 12벌). 표지의 날개가 없는 경우에는 46전지 2절에 8벌로 작업이 된다(46전지일 때는 16벌).

종이결의 경우 46전지 2절에 6벌인 경우에는 종이결이 종목이 되고 46전지 2절에 8벌인 경우에는 종이결이 횡목이 된다.
다음은 46전지 2절에 국반판 표지를 6벌(날개가 있는 경우) 작업한 것과 46전지 2절 국반판 표지를 8벌(날개가 없는 경우) 작업한 것이다.

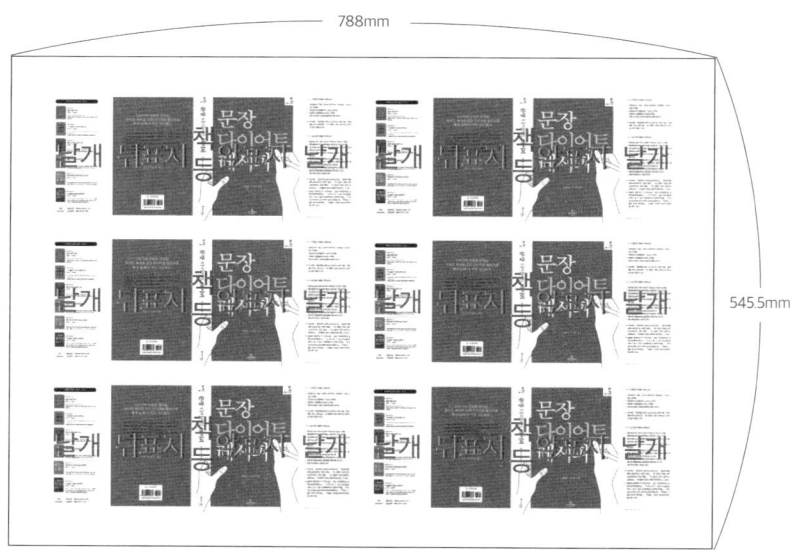

46전지 2절에 국반판 표지를 6벌(날개가 있는 경우) 작업한 화면

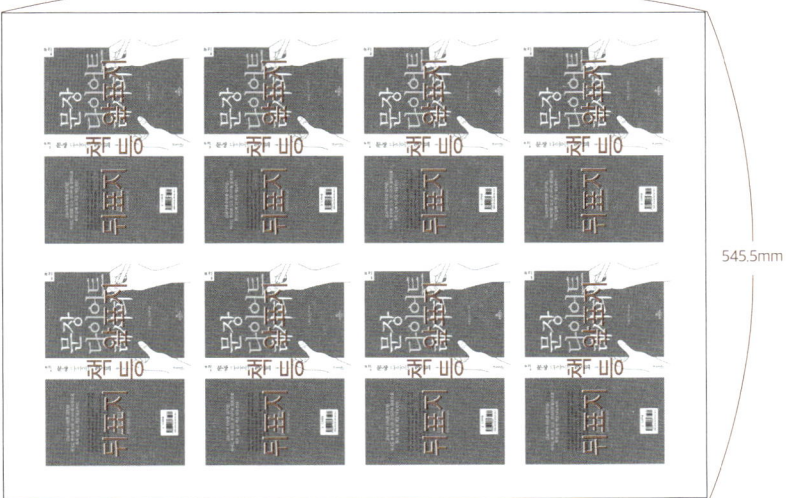

46전지 2절에 국반판 표지를 8벌(날개가 없는 경우) 작업한 화면

> **TIP**
>
> 46판(127mm×188mm)의 경우 표지에 날개가 있다고 한다면 46전지 2절에 4벌(종이결은 횡목)로도 작업이 가능하다. 하지만 여유 있게 표지 작업을 한다는 관점에서 국전지에 46판 표지를 6벌(날개가 있는 경우, 종이결은 횡목)로 작업하는 것을 추천하고 싶다.

04

본문 정미 및 여분 계산법

판형에 따른 본문과 표지의 절수를 알았다면 본문과 표지 용지의 정미와 여분 계산법을 알아야 한다. 그렇게 해야 제작발주서를 작성할 수 있다. 먼저 본문의 정미와 여분 계산법에 대하여 알아본다. 여기서 말하는 정미라는 것은 제작하려고 하는 제작부수에 대한 정확한 종이의 연수를 말하며 여분이라고 하는 것은 정확한 제작부수를 제작하기 위하여 필요한 여분의 종이를 말한다.

인쇄 작업 중 원하는 인쇄물을 얻기 위해서는 여분의 종이로 시험인쇄가 필요하다. 여분 종이를 각 대수에 잘 맞추어 넣어 주어야만 원하는 부수만큼의 제작물을 얻을 수 있다.

본문 종이 정미 계산법

본문 종이의 정미 계산법에 대한 기본적인 공식은 다음과 같다.

> **기본 공식**
>
> : [{Page÷전지 1장당의 쪽수(16 또는 32)}×발행부수]÷500=종이 정미 연수
> - 여기서 500은 1R(연)의 종이량을 말한다. 보통 국전지는 1연 단위로 발주하고 46전지는 250S(매) 단위로 발주하면 지업사에서 업무처리가 용이하다.
> - 본문의 경우에는 전지 한 장에 나오는 절수가 아닌 페이지(쪽수)로 나눈다.

본문 페이지에 사용되는 전지 한 장의 페이지(쪽수)로 나누고 발행하는 전체 부수를 곱한다. 그런 다음 연으로 계산하기 위하여 500으로 나눈다(1연=500장). 그러면 종이 정미 연수가 나온다.

예를 들어 46배판의 경우라면 [(Page÷32)×발행부수]÷500=종이 정미 연수가 나온다.

다시 더 정확하게 예를 들어보겠다.

46배판이고 본문 페이지가 208P이고 3,000부를 제작한다고 한다면 [(208÷32)×3,000부]÷500=39연이 된다.

즉 46전지로 정미가 39연이 필요하다는 것을 알 수 있다.

또 다른 예를 들어보겠다.

국배판이고 본문 페이지가 208P이고 3,000부를 제작한다고 한다면 [(208÷16)×3,000부]÷500=78연이 된다.

즉 국전지로 정미가 78연이 필요하다는 것을 알 수 있다.

본문 종이 여분 계산법

본문의 정미 용지를 구했다면 본문의 여분 용지를 계산해야 하는데 여분 용지는 본문 도수에 따라 다음과 같이 여분을 준다(제작부수가 3,000부 이하의 경우). 즉 대수에 여분 장수를 곱한 후 500으로 나누면 된다.

1. 본문이 흑백 인쇄인 경우에는 여분을 100장~150장을 준다.
    ▶계산법 : 대수×여분의 장수=(   )÷500

    46배판이고 본문 페이지가 208P이라면
    [(208÷32)×100(또는 150)]÷500=1.3연이 된다.
    즉 46전지로 여분 종이가 1.5연이 필요하다는 것을 알 수 있다
    (보통 1.3연이 나오면 반올림해서 1.5연을 입고하면 된다).

    또 다른 예를 들어보겠다.
    국배판이고 본문 페이지가 208P이라면
    [(208÷16)×100(또는 150)]÷500=2.6연이 된다.
    즉 국전지로 여분 종이가 3연이 필요하다는 것을 알 수 있다(보통 2.6연이 나오면 반올림해서 3연을 입고하면 된다).

2. 본문이 2도 인쇄인 경우에는 여분을 150장~200장을 준다.

    46배판이고 본문 페이지가 208P이라면
    [(208÷32)×150(또는 200)]÷500=1.95연이 된다.

즉 46전지로 여분 종이가 2연이 필요하다는 것을 알 수 있다(보통 1.95연이 나오면 반올림해서 2연을 입고하면 된다).

또 다른 예를 들어보겠다.

국배판이고 본문 페이지가 208P이라면

[(208÷16)×150(또는 200)]÷500=3.9연이 된다.

즉 국전지로 여분 종이가 4연이 필요하다는 것을 알 수 있다(보통 3.9연이 나오면 반올림해서 4연을 입고하면 된다).

3. 본문이 컬러(4도) 인쇄인 경우에는 여분을 200장~250장을 준다.

46배판이고 본문 페이지가 208P이라면

[(208÷32)×200(또는 250)]÷500=2.6연이 된다.

즉 46전지로 여분 종이가 3연이 필요하다는 것을 알 수 있다(보통 2.6연이 나오면 반올림해서 3연을 입고하면 된다).

또 다른 예를 들어보겠다.

국배판이고 본문 페이지가 208P이라면

[(208÷16)×200(또는 250)]÷500=5.2연이 된다.

즉 국전지로 여분 종이가 6연이 필요하다는 것을 알 수 있다(보통 5.2연이 나오면 반올림해서 6연을 입고하면 된다).

본문 및 표지 종이의 여분을 충분히 주면 원하는 제작부수보다 좀 더 많은 책을 제작해낼 수 있다. 필자의 경험으로 2,000부에서 3,000부 제작 시 여분 종이를 충분히 준 경우 많게는 100부에서 적게는 30부 이상의 책을 얻을 수 있었다.

05

표지 정미 및 여분 계산법

판형에 따른 표지의 정미와 여분을 계산하는 방법에 대하여 알아본다. 표지 용지의 계산은 본문 용지의 계산 보다 더 간단하다.

표지 종이 정미 계산법
표지 종이의 정미 계산법에 대한 기본적인 공식은 다음과 같다.

> **기본 공식**
>
> : [발행부수÷절수(3 또는 4 또는 6 또는 8)]÷500=종이 정미 연수

예를 들어 46배판(표지에 날개가 있는 경우)을 3,000부 인쇄한다고 하면 [3,000÷3]÷500=2연이 된다. 46배판의 경우 표지에 날개가 있는 경우 국전지에 3벌이 나오므로 국전지 2연이 정미가 되는 것이다.

또 다른 예로 신국판을 3,000부(표지에 날개가 있는 경우) 인쇄한다고 하면 [3,000÷6]÷500=1연이 된다. 신국판의 경우 표지에 날개가 있는 경우 46전지 2절에 3벌이(46전지에는 6벌) 나오므로 46전지 1연이 정미가 되는 것이다.

예1. 46배판(표지 날개가 있는 경우, 표지는 국전지로 인쇄한다)

    ===> 3,000부 제작의 경우

     : [3,000부÷3절]÷500매=2연

      [3,000÷3]÷500=2R

예2. 신국판(표지 날개가 있는 경우, 표지는 46전지 2절로 인쇄한다)

    ===> 3,000부 제작의 경우

     : [3,000부÷6절]÷500매=1연

      [3,000÷6]÷500=1R

표지 종이 여분 계산법

표지 종이의 여분은 1,000부~3,000부까지는 국전지로 150매, 46전지로 100매 정도를 주면 된다. 46전지로 100매를 주면 46전지 2절로는

200매가 되는 것이므로 충분하다.

여기서 표지의 후가공이 하나씩 추가될수록 여분을 20매~50매 정도 더 주면 된다. 지극히 제작 담당자의 감으로 이루어진다. 각 출판사마다 표지의 특성이 있으므로 제작 발주를 자주 하다 보면 그 감이 온다. 그리고 표지가 5도인 경우에는 50매 정도 여분으로 종이를 더 주면 된다.

국전지로 150매, 46전지로 100매는 표지 인쇄 후 라미네이팅 작업까지의 종이의 손실분을 추정한 수치이다.

예를 들어 46배판(표지에 날개가 있는 경우)을 3,000부 인쇄한다고 하면 [3,000÷3]÷500=2연이 된다.

여기에 여분으로 150매를 더 주면 [(3,000÷3)+150]÷500=2.3연이 된다. 즉 2연이 정미이고 0.3연이 여분 종이가 되는 것이다.

또 다른 예로 신국판을 3,000부(표지에 날개가 있는 경우) 인쇄한다고 하면

[3,000÷6]÷500=1연이 된다.

여기에 여분으로 100매를 더 주면 [(3,000÷6)+100]÷500=1.2연이 된다. 즉 1연이 정미이고 0.2연이 여분 종이가 되는 것이다.

예1. 46배판(표지 날개가 있는 경우, 표지는 국전지로 인쇄한다)

===> 3,000부 제작의 경우

: [(3,000부÷3절)+여분 150장]÷500매=2.3연

[(3,000÷3)+150]÷500=2.3R

예2. 신국판(표지 날개가 있는 경우, 표지는 46전지 2절로 인쇄한다)

===> 3,000부 제작의 경우

: [(3,000부÷6절)+여분 100장]÷500매=1.2연

　[(3,000÷6)+100]÷500=1.2R

4,000부 이상의 경우에는 인쇄, 제책, 라미네이팅에서 나올 파지까지 생각해서 200장 정도로 주면 된다. 그 이상의 경우에는 여분을 제작부수의 5%로 주면 된다.

이상의 내용들을 최종적으로 정리하면 다음과 같은 공식이 나온다. 기본이 되는 공식이므로 꼭 기억을 해두자. 다른 판형의 표지 계산 시에는 응용을 하면 된다.

★ 표지 종이 계산법 : [(3,000부÷3절)+여분 150장]÷500=＿＿＿연

　[(3,000÷3)+150]÷500=＿＿＿연

TIP >> 종이의 여분은 왜 주는가?

1. 종이 여분은 인쇄와 제책, 후가공에서 예상되는 종이의 손실분을 예상하여 본문 도수에 맞추어 책정한다.
2. 충분한 여분을 주어 원하는 정미 제작부수로 제작할 수 있도록 해야 한다.
3. 4,000부 이상의 경우 제작부수에서 여분을 5% 정도 준다.
   예> 4,000부×5%=200장

TIP >> 표지 인쇄 시 부수에 따라 몇 장을 여분 종이로 주면 좋을까?

- 1,000부~3,000부 : 100장~150장
- 4,000부 : 150장~200장
- 5,000부 : 200장~250장
- 6,000부 이상 : 250장~300장
- 10,000부 이상 : 400장~500장

※참고로 3,000부 제작이나 1,000부, 2,000부 제작 시 표지 여분 종이는 거의 비슷하다.

신국판, 46배판을 기준으로 표지, 본문, 면지의 용지 계산을 한 후 제작발주서 작성을 해 보겠다.

신국판, 46배판
발주하기

01

신국판 발주하기

지금부터는 실전으로 신국판을 기준으로 표지, 본문, 면지의 용지 계산을 한 후 제작발주서 작성을 해 보겠다.
신국판의 경우 표지의 날개가 있는 경우와 없는 경우가 있는데 표지 용지의 계산은 두 가지로 하고 제작발주서는 날개가 있는 표지로 제작을 하는 경우로 작성하겠다.
제작사양서의 조건은 다음과 같다.

제작사양서

판형	신국판(152mm×225mm)
제작부수	3,000부(제책 : 무선)
본문 페이지	224P
본문 인쇄 도수	2도
표지	날개 유(有), 라미네이팅 후 부분 UV
표지 인쇄 도수	4도
면지	있음(앞뒤 각 2장씩)

표지 용지 계산

앞에서도 설명했지만 신국판 표지의 용지 계산을 다시 해 보겠다. 표지의 날개가 있는 경우와 표지의 날개가 없는 경우로 구분을 해서 종이 계산을 해 본다. 그리고 신국판은 46전지 2절로 인쇄를 한다는 것을 상기하고 용지 발주를 하자.

표지 날개가 있는 경우

신국판의 경우 표지에 날개가 있는 경우라면 46전지 2절에 3벌로 작업된다(종이결은 횡목이다). 용지 계산을 할 경우에는 46전지로 계산을 하므로 46전지에 6벌로 계산을 한다. 3,000부 제작이니 여분은 100장 정도만 주기로 하자. 표지 후가공이 있지만 별로 차이는 없을 것으로 생각이 된다.

기본적인 사고 : 신국판(표지 날개가 있는 경우) 표지는 46전지 2절로 인쇄한다.

그러므로 [(3,000부÷6절)+여분 100장]÷500매=1.2연이다.

[(3,000÷6)+100]÷500=1.2R 이다.

표지 날개가 없는 경우

신국판의 경우 표지에 날개가 없는 경우라면 46전지 2절에 4벌로 작업된다(종이결은 종목이다). 용지 계산을 할 경우에는 46전지로 계산을 하므로 46전지에 8벌로 계산을 한다. 3,000부 제작이니 여분은 100장 정도만 주기로 하자. 이 또한 표지 후가공이 있지만 별로 차이는 없을 것으로 생각이 된다.

기본적인 사고 : 신국판(표지 날개가 없는 경우) 표지는 46전지 2절로 인쇄한다.
그러므로 [(3,000부÷8절)+여분 100장]÷500매=475매이다. 여분을 좀 더 준다고 생각을 하자.
[(3,000÷8)+100]÷500=1R을 발주하면 된다(475매=0.95연으로는 발주하지 않는다).

본문 용지 계산

신국판의 경우 본문 용지는 국전지를 사용한다는 것을 머릿속에 기억을 하고 본문 용지를 계산하자. 먼저 본문 페이지가 224쪽이고 3,000부 제작이며 본문이 2도임을 생각하자.

본문 용지의 기본 공식에 적용을 시키면 다음과 같이 계산할 수 있다.
[(224P÷32쪽)×3,000부]÷500
즉 [(224÷32)×3,000]÷500=42연이 본문 정미가 된다.

본문이 2도이며 3,000부를 제작하므로 본문 여분을 150장 주기로 하자.
[(224P÷32쪽)×150장]÷500
즉 [(224÷32)×150]÷500=2연이 본문 여분 용지가 된다.
정미 42연과 여분 2연을 합하면 44연이 제작 발주할 본문 용지의 총량이 된다.

이상의 내용을 다시 정리하면 다음과 같다.

- 본문 정미 : [(224÷32)×3,000]÷500=42연
- 본문 여분 : [(224÷32)×150]÷500=2연
- ▶발주할 총 본문 용지 : 44연

면지 용지 계산

신국판의 본문을 국전지를 사용하기 때문에 면지 또한 국전지로 사용하면 본문 용지의 계산처럼 해주면 되지만 면지로 사용되는 페스티발, 레자크지, 밍크지 등의 종이들은 대부분 46전지만 생산되어 나온다. 그래서 다음과 같이 10절로 계산을 한다.

면지는 제작할 총 부수에 2를 곱한 후 10으로 나누어 준 다음 500을 나누어 연으로 계산을 한다.
즉 다음과 같이 수식화할 수 있다.
[(3,000×2)÷10]÷500=1.2연이 정미가 된다.

면지 또한 여분을 주는데 1,000부는 20장, 2,000부~3,000부는 30장 정도, 4,000부~5,000부는 40장~50장 정도를 주면 된다.

3,000부 제작이니 여분 면지를 30장을 주어 보겠다. 그러면 30÷500=0.06연이 여분이 되는데 정미 1.2연과 여분 면지 0.06연을 더해서 1.26연을 발주하면 된다. 즉 1연 130매를 발주하면 되는데 이때는 1연 150매(1.3연)를 발주하면 된다(보통 자투리 용지를 50매, 100매, 150매, 200매, 250매, 300매 단위로 발주를 해준다). 그렇게 되면 여분 종이를 50장을 주는 것이 된다.

보통 본문 용지와 표지 용지의 발주 시 여분 종이를 좀 넉넉하게 주면 3,000부 발주 시 2%~3%인 60부~90부 정도가 더 나온다. 그러므로 면지도 좀 넉넉하게 주면 좋다.

제작발주서 작성

앞에서 계산한 표지, 본문, 면지 종이의 정미와 여분 종이의 내용들을 정리하면 다음과 같다.

- 표지(날개 유) : 정미 1연+여분 100매=1연 100매=1.2연
- 본문: 정미 42연+여분 2연=44연
- 면지: 정미 1.2연+여분 50매=1연 150매=1.3연

이상의 내용을 가지고 다음과 같이 제작발주서를 작성하면 된다.

종이 발주 항목에 종이 발주 내용을 입력하고 인쇄, 후가공, 제책 항목에 각각의 특이사항들을 입력해준다.

표지나 띠지의 경우 어떤 전지에 몇 벌로 작업이 되었는지를 기입해두면 나중에 재판 발주 시 많은 도움이 된다. 참고로 제작발주서에 1.2연으로 표기해도 되고 1연 100매라고 표기해도 된다.

제작발주서(신간)

도서명	출판제작 실무노트		
판형	신국판(152mm×225mm)	발주일	20XX년 XX월 XX일
판쇄(발행일)	초판 1쇄(20XX년 XX월 XX일)	제작 부수	3,000부
본문 쪽수	224쪽	제본/후가공	무선 / 모래무늬 후 부분UV
<전달사항>	· 출판사 담당자 :		

◆ ○○제지 : 담당자 -

종이	항목	종류	색상	무게	규격	정미	여분	주문량(합계)
	표지	아트지	-	250g	46전지 횡	1연	100매	1연 100매
	본문	백상지	미색	100g	국전지 종	42연	2연	44연
	면지	매직칼라	밤색	120g	46전지 종	1.2연	50매	1연 150매
	띠지							
	<전달사항>	1. 본문, 표지 용지 입고처 : 2. 면지 입고처 :						

◆ ○○인쇄 : 담당자 -

인쇄	구분	도수	절수	<작업내용>	<특이사항>
	표지	4도	6절	날개 유	46 2절에 3벌 / 종이결 횡목
	본문	2도	16절		국전지에 인쇄 / 종이결 종목
	띠지	없음	없음		
	<전달 사항>	1. 2. 3.			

◆ ○○라미네이팅 : 담당자 -

후가공	구분	절수	<작업내용>	<특이사항>
	표지	46 2절에 3벌	모래무늬, 부분 UV	모래무늬 후 부분 UV
	띠지	없음		

◆ ○○제책사 : 담당자 -

제본	제본방식	무선	부탁말씀	1. 2. 3.
	표지 날개	유		

신국판 제작발주서 샘플 화면

02

46배판 발주하기

두 번째로 46배판을 기준으로 표지, 본문, 면지의 용지 계산을 한 후 제작발주서 작성을 해 보겠다.
46배판의 경우 표지의 날개가 있는 경우와 없는 경우가 있는데 표지 용지의 계산은 두 가지로 하고 제작발주서는 날개가 있는 표지로 제작을 하는 경우로 작성하겠다.
제작사양서의 조건은 다음과 같다.

제작사양서

판형	46배판(188mm×257mm)
제작부수	3,000부(제책 : 무선)
본문 페이지	256P
본문 인쇄 도수	4도
표지	날개 유(有), 라미네이팅 후 부분 UV
표지 인쇄 도수	4도
면지	있음(앞뒤 각 2장씩)

표지 용지 계산

앞에서도 설명했지만 46배판 표지의 용지 계산을 다시 해 보겠다. 표지의 날개가 있는 경우와 표지의 날개가 없는 경우로 구분을 해서 종이 계산을 해 본다. 그리고 46배판은 국전지로 인쇄를 한다는 것을 상기하고 용지 발주를 하자.

표지 날개가 있는 경우

46배판의 경우 표지에 날개가 있는 경우라면 국전지에 3벌로 작업된다(종이결은 종목이다). 3,000부 제작이니 여분은 150장 정도만 주기로 하자. 표지 후가공이 있지만 별로 차이는 없을 것으로 생각이 된다.

기본적인 사고 : 46배판(표지 날개가 있는 경우) 표지는 국전지로 인쇄한다. 그러므로 [(3,000부÷3절)+여분 150장]÷500매=2.3연이다.
[(3,000÷3)+150]÷500=2.3R 이다.

표지 날개가 없는 경우

46배판의 경우 표지에 날개가 없는 경우라면 국전지에 4벌로 작업된다(종이걸은 횡목이다). 3,000부 제작이니 여분은 150장 정도만 주기로 하자. 이 또한 표지 후가공이 있지만 별로 차이는 없을 것으로 생각이 된다.

기본적인 사고 : 46배판(표지 날개가 없는 경우) 표지는 국전지로 인쇄한다. 그러므로 [(3,000부÷4절)+여분 150장]÷500매=1.8연이다.
[(3,000÷4)+150]÷500=1.8R을 발주하면 된다.

본문 용지 계산

46배판의 경우 본문 용지는 46전지를 사용한다는 것을 머릿속에 기억을 하고 본문 용지를 계산하자. 먼저 본문 페이지가 256쪽이고 3,000부 제작이며 본문이 4도임을 생각하자.

본문 용지의 기본 공식에 적용을 시키면 다음과 같이 계산할 수 있다.
[(256P÷32쪽)×3,000부]÷500
즉 [(256÷32)×3,000]÷500=48연이 본문 정미가 된다.

본문이 4도이며 3,000부를 제작하므로 본문 여분을 250장 주기로 하자.
[(256P÷32쪽)×250장]÷500
즉 [(256÷32)×250]÷500=4연이 본문 여분 용지가 된다.
정미 48연과 여분 4연을 합하면 52연이 제작 발주할 본문 용지의 총량이 된다.

이상의 내용을 다시 정리하면 다음과 같다.

- 본문 정미 : [(256÷32)×3,000]÷500=48연
- 본문 여분: [(256÷32)×250]÷500=4연
- ▶발주할 총 본문 용지 : 52연

면지 용지 계산

46배판의 경우 면지가 46전지로 생산되어 나오므로 본문 용지를 구하는 방법으로 계산을 한 후 여분을 제작부수에 따라 아래와 같이 주면 된다.

먼저 면지는 앞뒤 각 2장씩이므로 총 4장이 된다. 그러므로 페이지로는 총 8페이지가 된다.

다음과 같이 면지를 계산해 보자.

[(8÷32)×3,000]÷500=1.5연이 정미가 된다.

즉 면지 페이지를 쪽으로 나눈 다음 제작할 부수를 곱한 후 500으로 나누면 된다.

면지 또한 여분을 주는데 1,000부는 20장, 2,000부~3,000부는 30장 정도, 4,000부~5,000부는 40장~50장 정도를 주면 된다.

3,000부 제작이니 여분 면지를 30장을 주어 보겠다. 그러면 30÷500=0.06연이 여분이 되는데 정미 1.5연과 여분 면지 0.06연을 더해서 1.56연을 발주하면 된다. 즉 1연 280매를 발주하면 되는데 이때는 1

연 300매(1.6연)를 발주하면 된다(보통 자투리 용지를 50매, 100매, 150매, 200매, 250매, 300매 단위로 발주를 해준다). 그렇게 되면 여분 종이를 50장을 주는 것이 된다.

보통 본문 용지와 표지 용지의 발주 시 여분 종이를 좀 넉넉하게 주면 3,000부 발주 시 2%~3%인 60부~90부 정도가 더 나온다. 그러므로 면지도 좀 넉넉하게 주면 좋다.

제작발주서 작성

앞에서 계산한 표지, 본문, 면지 종이의 정미와 여분 종이의 내용들을 정리하면 다음과 같다.

- 표지(날개 유) : 정미 2연+여분 150매=2연 150매= 2.3연
- 본문: 정미 48연+여분 4연=52연
- 면지: 정미 1.5연+여분 50매=1연 300매=1.6연

이상의 내용을 가지고 다음과 같이 제작발주서를 작성하면 된다.

종이 발주 항목에 종이 발주 내용을 입력하고 인쇄, 후가공, 제책 항목에 각각의 특이사항들을 입력해준다. 표지나 띠지의 경우 어떤 전지에 몇 벌로 작업이 되었는지를 기입해 두면 나중에 재판 발주 시 많은 도움이 된다.

제작발주서(신간)

도서명	출판디자인 실무노트		
판형	46배판(188mm×257mm)	발주일	20XX년 XX월 XX일
판쇄(발행일)	초판 1쇄(20XX년 XX월 XX일)	제작 부수	3,000부
본문 쪽수	256쪽	제본/후가공	무선 / 모래무늬 후 부분UV
<전달사항>	· 출판사 담당자 :		

◆ ○○제지 : 담당자 -

항목		종류	색상	무게	규격	정미	여분	주문량(합계)
종이	표지	아트지	-	250g	국전지 종	2연	150매	2연 150매
	본문	백상지	미색	100g	46전지 종	48연	4연	52연
	면지	매직칼라	밤색	120g	46전지 종	1.5연	50매	1연 300매
	띠지							
<전달사항>		1. 본문, 표지 용지 입고처 : 2. 면지 입고처 :						

◆ ○○인쇄 : 담당자 -

구분	도수	절수	<작업내용>	<특이사항>
인쇄 표지	4도	3절	날개 유	국전지에 3벌 / 종이결 종목
본문	4도	16절		46전지 2절로 인쇄 / 종이결 종목
띠지	없음	없음		
<전달 사항>	1. 2. 3.			

◆ ○○라미네이팅 : 담당자 -

구분	절수	<작업내용>	<특이사항>
후가공 표지	국전지에 3벌	모래무늬, 부분 UV	모래무늬 후 부분 UV
띠지	없음		

◆○○제책사 : 담당자 -

제본	제본방식	무선	부탁말씀	1. 2. 3.
	표지 날개	유		

46배판 제작발주서 샘플 화면

국반판, 46판을 기준으로 표지, 본문, 면지의 용지 계산을 한 후 제작발주서 작성을 해 보겠다.

국반판, 46판
발주하기

01

국반판 발주하기

국반판은 (신)국판의 절반인 책이다. 국반판의 표지, 본문, 면지의 용지 계산을 한 후 제작발주서 작성을 해 보겠다. **특히 본문 용지의 종이 결이 횡목을 사용해야 함을 유의하자.**

국반판의 경우 표지의 날개가 있는 경우와 없는 경우가 있는데 표지 용지의 계산은 두 가지로 하고 제작발주서는 날개가 있는 표지로 제작을 하는 경우로 작성하겠다.

제작사양서의 조건은 다음과 같다.

제작사양서

판형	국반판(105mm×148mm)
제작부수	3,000부(제책 : 무선)
본문 페이지	224P
본문 인쇄 도수	2도
표지	날개 유(有), 라미네이팅 후 부분 UV
표지 인쇄 도수	4도
면지	있음(앞뒤 각 2장씩)

표지 용지 계산

국반판 표지의 용지 계산을 해 보겠다. 표지의 날개가 있는 경우와 표지의 날개가 없는 경우로 구분을 해서 종이 계산을 해 본다. 그리고 국반판은 46전지 2절로 인쇄를 한다는 것을 상기하고 용지 발주를 하자.

표지 날개가 있는 경우

국반판의 경우 표지에 날개가 있는 경우라면 46전지 2절에 6벌로 작업된다(종이결은 종목이다).

용지 계산을 할 경우에는 46전지로 계산을 하므로 46전지에 12벌로 계산을 한다. 3,000부 제작이니 여분은 100장 정도만 주기로 하자. 표지 후가공이 있지만 별로 차이는 없을 것으로 생각이 된다.

기본적인 사고: 국반판(표지 날개가 있는 경우) 표지는 46전지 2절로 인쇄한다. 그러므로 [(3,000부÷12절)+여분 100장]÷500매=350매이다.

[(3,000÷12)+100]÷500=350매 이다.

표지 날개가 없는 경우
국반판의 경우 표지에 날개가 없는 경우라면 46전지 2절에 8벌로 작업된다(종이결은 횡목이다).

용지 계산을 할 경우에는 46전지로 계산을 하므로 46전지에 16벌로 계산을 한다. 3,000부 제작이니 여분은 100장 정도만 주기로 하자. 이 또한 표지 후가공이 있지만 별로 차이는 없을 것으로 생각이 된다.

기본적인 사고: 국반판(표지 날개가 없는 경우) 표지는 46전지 2절로 인쇄한다.

그러므로 [(3,000부÷16절)+여분 100장]÷500매=287.5매이다. 여분을 좀 더 준다고 생각을 하자.
[(3,000÷16)+100]÷500=300매를 발주하면 된다.

본문 용지 계산
국반판의 경우 본문 용지는 국전지를 사용한다는 것을 머릿속에 기억을 하고 본문 용지를 계산하자. 그리고 종이결이 횡목 임을 기억하자. 먼저 본문 페이지가 224쪽이고 3,000부 제작이며 본문이 2도임을 생각하자.
본문 용지의 기본 공식에 적용을 시키면 다음과 같이 계산할 수 있다.
[(224P÷64쪽)×3,000부]÷500
즉 [(224÷64)×3,000]÷500=21연이 본문 정미가 된다.

본문이 2도이며 3,000부를 제작하므로 본문 여분을 150장 주기로 하자.

[(224P÷64쪽)×150장]÷500

즉 [(224÷64)×150]÷500=1.05연이 본문 여분 용지가 된다. 여분 1.05연을 넉넉하게 1.5연으로 수정해 주자.

정미 21연과 여분 1.5연을 합하면 22.5연이 제작 발주할 본문 용지의 총량이 된다.

이상의 내용을 다시 정리하면 다음과 같다.

- 본문 정미: [(224÷64)×3,000]÷500=21연
- 본문 여분: [(224÷64)×150]÷500=1.5연
- ▶발주할 총 본문 용지: 22.5연

면지 용지 계산

국반판의 본문을 국전지를 사용하기 때문에 면지 또한 국전지로 사용하면 본문 용지의 계산처럼 해주면 되지만 면지로 사용되는 페스티발, 레자크지, 밍크지 등의 종이들은 대부분 46전지만 생산되어 나온다. 그래서 다음과 같이 20절로 계산을 한다.

면지는 제작할 총부수에 2를 곱한 후 20으로 나누어 준 다음 500을 나누어 연으로 계산한다.

즉 다음과 같이 수식화할 수 있다.

[(3,000×2)÷20]÷500=0.6연이 정미가 된다.

면지 또한 여분을 주는데 1,000부는 20장, 2,000부~3,000부는 30장 정도, 4,000부~5,000부는 40장~50장 정도를 주면 된다.

3,000부 제작이니 여분 면지를 30장을 주어 보겠다. 그러면 30÷500=0.06연이 여분이 되는데 정미 0.6연과 여분 면지 0.06연을 더해서 0.66연을 발주하면 된다. 즉 330매를 발주하면 되는데 이때는 350매(0.7연)를 발주하면 된다. 그렇게 되면 여분 종이를 50장을 주는 것이 된다.

보통 본문 용지와 표지 용지의 발주 시 여분 종이를 좀 넉넉하게 주면 3,000부 발주 시 2%~3%인 60부~90부 정도가 더 나온다. 그러므로 면지도 좀 넉넉하게 주면 좋다.

제작발주서 작성

앞에서 계산한 표지, 본문, 면지 종이의 정미와 여분 종이의 내용들을 정리하면 다음과 같다.

- 표지(날개 유): 정미 250매+여분 100매=350매
- 본문: 정미 21연+여분 1.5연=22.5연
- 면지: 정미 300매+여분 50매=350매

이상의 내용을 가지고 다음과 같이 제작발주서를 작성하면 된다.
종이 발주 항목에 종이 발주 내용을 입력하고 인쇄, 후가공, 제책 항목

에 각각의 특이사항들을 입력해준다. 표지나 띠지의 경우 어떤 전지에 몇 벌로 작업이 되었는지를 기입해 두면 나중에 재판 발주 시 많은 도움이 된다. 특히 본문과 표지의 종이결이 틀리지 않도록 다시 한 번 더 확인한다. 필자의 경험으로 본문의 종이결을 잘못 사용하면 그 피해는 정말 크다. 심한 경우 책을 모두 폐기해야 하는 경우도 발생할 수 있다.

제작발주서(신간)

도서명	출판편집 실무노트		
판형	국반판(105mm×148mm)	발주일	20××년 ××월 ××일
판쇄(발행일)	초판 1쇄(20××년××월××일)	제작 부수	3,000부
본문 쪽수	224쪽	제본/후가공	무선 / 모래무늬 후 부분UV
<전달사항>	·출판사 담당자 :		

◆ ○○제지 : 담당자 -

항목		종류	색상	무게	규격	정미	여분	주문량(합계)
종이	표지	아트지	-	250g	46전지 종	250매	100매	350매
	본문	백상지	미색	100g	국전지 횡	21연	1.5연	22.5연
	면지	매직칼라	밤색	120g	46전지 종	300매	50매	350매
	띠지							
	<전달사항>	1. 본문, 표지 용지 입고처 : 2. 면지 입고처 :						

◆ ○○인쇄 : 담당자 -

구분		도수	절수	<작업내용>	<특이사항>
인쇄	표지	4도	12절	날개 유	46 2절에 6벌 / 종이결 종목
	본문	2도	32절		국전지에 인쇄 / 종이결 횡목
	띠지	없음	없음		
	<전달 사항>	1. 2. 3.			

◆ ○○라미네이팅 : 담당자 -

구분		절수	<작업내용>	<특이사항>
후가공	표지	46 2절에 6벌	모래무늬, 부분 UV	모래무늬 후 부분 UV
	띠지	없음		

◆○○제책사 : 담당자 -

제본	제본방식	무선	부탁말씀	1. 2. 3.
	표지날개	유		

국반판 제작발주서 샘플 화면

02

46판 발주하기

46판을 기준으로 표지, 본문, 면지의 용지 계산을 한 후 제작발주서 작성을 해 보겠다.

46판의 경우 표지의 날개가 있는 경우와 없는 경우가 있는데 표지 용지의 계산은 두 가지로 하고 제작발주서는 날개가 있는 표지로 제작을 하는 경우로 작성하겠다.

제작사양서의 조건은 다음과 같다.

제작사양서

판형	46판(127mm×188mm)
제작부수	3,000부(제책 : 무선)
본문 페이지	224P
본문 인쇄 도수	4도
표지	날개 유(有), 라미네이팅 후 부분 UV
표지 인쇄 도수	4도
면지	있음(앞뒤 각 2장씩)

표지 용지 계산

앞에서도 설명했지만 46판 표지의 용지 계산을 다시 해 보겠다. 표지의 날개가 있는 경우와 표지의 날개가 없는 경우로 구분을 해서 종이 계산을 해 본다. 그리고 46판은 국전지로 인쇄를 한다는 것을 상기하고 용지 발주를 하자.

표지 날개가 있는 경우

46판의 경우 표지에 날개가 있는 경우라면 국전지에 6벌로 작업된다(종이 결은 횡목이다). 3,000부 제작이니 여분은 150장 정도만 주기로 하자. 표지 후가공이 있지만 별로 차이는 없을 것으로 생각이 된다.

기본적인 사고 : 46판(표지 날개가 있는 경우) 표지는 국전지로 인쇄한다. 그러므로 [(3,000부÷6절)+여분 150장]÷500매=1.3연이다.
[(3,000÷6)+150]÷500=1.3R 이다.

표지 날개가 없는 경우

46판의 경우 표지에 날개가 없는 경우라면 국전지에 8벌로 작업된다(종이결은 종목이다). 3,000부 제작이니 여분은 150장 정도만 주기로 하자. 이 또한 표지 후가공이 있지만 별로 차이는 없을 것으로 생각이 된다.

기본적인 사고 : 46판(표지 날개가 없는 경우) 표지는 국전지로 인쇄한다. 그러므로 [(3,000부÷8절)+여분150장]÷500매=1.05연이다.
[(3,000÷8)+150]÷500=1.1R을 발주하면 된다(여분을 조금 더 주어 1연 50매를 발주하자).

본문 용지 계산

46판의 경우 본문 용지는 46전지를 사용한다는 것을 머릿속에 기억을 하고 본문 용지를 계산하자. 먼저 본문 페이지가 224쪽이고 3,000부 제작이며 본문이 4도임을 생각하자.

본문 용지의 기본 공식에 적용을 시키면 다음과 같이 계산할 수 있다.
[(224P÷64쪽)×3,000부]÷500
즉 [(224÷64)×3,000]÷500=21연이 본문 정미가 된다.

본문이 4도이며 3,000부를 제작하므로 본문 여분을 250장 주기로 하자.
[(224P÷64쪽)×250장]÷500
즉 [(224÷64)×250]÷500=1.75연이 본문 여분 용지가 된다. 여분을 좀 더 주어서 2연을 여분으로 주기로 하자.
정미 21연과 여분 2연을 합하면 23연이 제작 발주할 본문 용지의 총량이 된다.

이상의 내용을 다시 정리하면 다음과 같다.

- 본문 정미: [(224÷64)×3,000]÷500=21연
- 본문 여분: [(224÷64)×250]÷500=2연
- ▶발주할 총 본문 용지: 23연

면지 용지 계산

46판의 경우 면지가 46전지로 생산되어 나오므로 본문 용지를 구하는 방법으로 계산을 한 후 여분을 제작부수에 따라 아래와 같이 주면 된다.

먼저 면지는 앞뒤 각 2장씩이므로 총 4장이 된다. 그러므로 페이지로는 총 8페이지가 된다.

다음과 같이 면지를 계산해 보자.

[(8÷64)×3,000]÷500=360매가 정미가 된다.

즉 면지 페이지를 쪽으로 나눈 다음 제작할 부수를 곱한 후 500으로 나누면 된다.

면지 또한 여분을 주는데 1,000부는 20장, 2,000부~3,000부는 30장 정도, 4,000부~5,000부는 40장~50장 정도를 주면 된다.

3,000부 제작이니 여분 면지를 30장을 주면 되는데 매수를 맞추기 위하여 40장을 주어 보겠다. 그러면 정미 360매와 여분 면지 40매를 더하여 400매를 발주하면 된다.

보통 본문 용지와 표지 용지의 발주 시 여분 종이를 좀 넉넉하게 주면 3,000부 발주 시 2%~3%인 60부~90부 정도가 더 나온다. 그러므로 면지도 좀 넉넉하게 주면 좋다.

제작발주서 작성

앞에서 계산한 표지, 본문, 면지 종이의 정미와 여분 종이의 내용들을 정리하면 다음과 같다.

- 표지(날개 유): 정미 1연+여분 150매=1연 150매=1.3연
- 본문: 정미 21연+여분 2연=23연
- 면지: 정미 360매+여분 40매=400매

이상의 내용을 가지고 다음과 같이 제작발주서를 작성하면 된다.
종이 발주 항목에 종이 발주 내용을 입력하고 인쇄, 후가공, 제책 항목에 각각의 특이사항들을 입력해준다. 표지나 띠지의 경우 어떤 전지에 몇 벌로 작업이 되었는지를 기입해 두면 나중에 재판 발주 시 많은 도움이 된다.

제작발주서(신간)

도서명	출판기획 실무노트		
판형	46판(127mm×188mm)	발주일	20XX년 XX월 XX일
판쇄(발행일)	초판 1쇄(20XX년 XX월 XX일)	제작 부수	3,000부
본문 쪽수	224쪽	제본/후가공	무선 / 모래무늬 후 부분UV
<전달사항>	· 출판사 담당자 :		

◆ ○○제지 : 담당자 -

항목	종류	색상	무게	규격	정미	여분	주문량(합계)
종이	표지	아트지	-	250g	국전지 횡	1연	150매	1연 150매
	본문	백상지	미색	100g	46전지 횡	21연	2연	23연
	면지	매직칼라	밤색	120g	46전지 종	350매	50매	400매
	띠지							
<전달사항>	1. 본문, 표지 용지 입고처 : 2. 면지 입고처 :						

◆ ○○인쇄 : 담당자 -

구분	도수	절수	<작업내용>	<특이사항>
인쇄	표지	4도	6절	날개 유	국전지에 6벌 / 종이결 횡목
	본문	4도	32절		46전지 2절로 인쇄 / 종이결 횡목
	띠지	없음	없음		
<전달 사항>	1. 2. 3.			

◆ ○○라미네이팅 : 담당자 -

구분	절수	<작업내용>	<특이사항>
후가공	표지	국전지에 6벌	모래무늬, 부분 UV	모래무늬 후 부분 UV
	띠지	없음		

◆ ○○제책사 : 담당자 -

제본	제본방식	무선	부탁말씀	1. 2. 3.
	표지날개	유		

46판 제작발주서 샘플 화면

국배판, 크라운판을 기준으로 표지, 본문, 면지의 용지 계산을 한 후 제작발주서 작성을 해 보겠다.

국배판, 크라운판
발주하기

01

국배판 발주하기

국배판을 기준으로 표지, 본문, 면지의 용지 계산을 한 후 제작발주서 작성을 해 보겠다.

국배판의 경우 표지의 날개가 있는 경우와 없는 경우가 있는데 여기서는 표지 날개가 없는 경우에 대하여 알아본다. 그 이유는 표지의 날개가 있는 경우 책등의 두께, 날개의 길이 등에 따라 직접 절수 계산이 필요하기 때문이다. 그래서 일반적인 책등 두께에서 표지의 날개가 없는 경우에 대해서만 발주하는 법에 대하여 설명한다.
제작사양서의 조건은 다음과 같다.

제작사양서

판형	국배판(210mm×297mm)
제작부수	3,000부(제책 : 무선)
본문 페이지	224P
본문 인쇄 도수	2도
표지	날개 무(無), 라미네이팅 후 부분 UV
표지 인쇄 도수	4도
면지	있음(앞뒤 각 2장씩)

표지 용지 계산

국배판 표지의 용지 계산에 대하여 알아보겠다. 표지의 날개가 없는 경우에 대해서만 계산을 해 본다. 그리고 국배판은 국전지로 인쇄를 한다는 것을 상기하고 용지 발주를 하자.

표지 날개가 없는 경우

국배판의 경우 표지에 날개가 없는 경우라면 국전지에 4벌로 작업된다(종이결은 횡목이다).

용지 계산을 할 경우에는 국전지로 계산을 하므로 국전지에 4벌로 계산을 한다. 3,000부 제작이니 여분은 150장 정도만 주기로 하자. 이 또한 표지 후가공이 있지만 별로 차이는 없을 것으로 생각이 된다.

기본적인 사고 : 국배판(표지 날개가 없는 경우) 표지는 국전지로 인쇄한다.
그러므로 [(3,000부÷4절)+여분 150장]÷500매=1연 400매이다.
[(3,000÷4)+100]÷500=1.8R을 발주하면 된다.

본문 용지 계산
국배판의 경우 본문 용지는 국전지를 사용한다는 것을 머릿속에 기억을 하고 본문 용지를 계산하자. 먼저 본문 페이지가 224쪽이고 3,000부 제작이며 본문이 2도임을 생각하자.

본문 용지의 기본 공식에 적용을 시키면 다음과 같이 계산할 수 있다.
[(224P÷16쪽)×3,000부]÷500
즉 [(224÷16)×3,000]÷500=84연이 본문 정미가 된다.
이상의 내용을 다시 정리하면 다음과 같다.

본문이 2도이며 3,000부를 제작하므로 본문 여분을 150장 주기로 하자.
[(224P÷16쪽)×150장]÷ 500
즉 [(224÷16)×150]÷500=4.2연이 본문 여분 용지가 된다.
정미 84연과 여분 4.2연을 합하면 88.2연이 되는데 여분을 좀 더 준다고 생각을 하고 89연을 발주하면 된다.

이상의 내용을 다시 정리하면 다음과 같다.

- 본문 정미 : [(224÷16)×3,000]÷500=84연
- 본문 여분 : [(224÷16)×150]÷500=4.2연

▶ 발주할 총 본문 용지 : 89연(88.2연)

면지 용지 계산

국배판의 본문을 국전지를 사용하기 때문에 면지 또한 국전지로 사용하면 본문 용지의 계산처럼 해주면 되지만 면지로 사용되는 페스티발, 레자크지, 밍크지 등의 종이들은 대부분 46전지만 생산되어 나온다. 그래서 다음과 같이 5절로 계산을 한다.

면지는 제작할 총 부수에 2를 곱한 후 5로 나누어 준 다음 500을 나누어 연으로 계산을 한다.

즉 다음과 같이 수식화할 수 있다.

[(3,000×2)÷5]÷500=2.4연이 정미가 된다.

3,000부 제작이니 여분 면지를 50장을 주어 보겠다. 그러면 50÷500=0.1연이 여분이 되는데 정미 2.4연과 여분 면지 0.1연을 더해서 2.5연을 발주하면 된다. 즉 2연 250매를 발주하면 된다.

제작발주서 작성

앞에서 계산한 표지, 본문, 면지 종이의 정미와 여분 종이의 내용들을 정리하면 다음과 같다.

- 표지(날개 유): 정미 1.5연+여분 150매=1연 400매=1.8연

- 본문: 정미 84연+여분 4.2연=89연(88.2연)

- 면지: 정미 2.4연+여분 50매=2연 250매=2.5연

이상의 내용을 가지고 다음과 같이 제작발주서를 작성하면 된다.

제작발주서(신간)

도서명	출판마케팅 실무노트		
판형	국배판(210mm×297mm)	발주일	20XX년 XX월 XX일
판쇄(발행일)	초판 1쇄(20XX년 XX월 XX일)	제작 부수	3,000부
본문 쪽수	224쪽	제본/후가공	무선 / 모래무늬 후 부분UV
<전달사항>	· 출판사 담당자 :		

◆ ○○제지 : 담당자 -

종이	항목	종류	색상	무게	규격	정미	여분	주문량(합계)
	표지	아트지	-	250g	국전지 횡	1연 250매	150매	1연 400매
	본문	백상지	미색	100g	국전지 횡	84연	4.2연	89연
	면지	매직칼라	밤색	120g	46전지 종	2.4연	50매	2연 250매
	띠지							
	<전달사항>	1. 본문, 표지 용지 입고처 : 2. 면지 입고처 :						

◆ ○○인쇄 : 담당자 -

인쇄	구분	도수	절수	<작업내용>	<특이사항>
	표지	4도	4절	날개 무	국전지에 4벌 / 종이결 횡목
	본문	2도	8절		국전지에 인쇄 / 종이결 횡목
	띠지	없음	없음		
	<전달 사항>	1. 2. 3.			

◆ ○○라미네이팅 : 담당자 -

후가공	구분	절수	<작업내용>	<특이사항>
	표지	국전지에 4벌	모래무늬 부분 UV	모래무늬 후 부분 UV
	띠지	없음		

◆○○제책사 : 담당자 -

제본	제본방식	무선	부탁말씀	1. 2. 3.
	표지 날개	유		

국배판 제작발주서 샘플 화면

02

크라운판 발주하기

크라운판을 기준으로 표지, 본문, 면지의 용지 계산을 한 후 제작발주서 작성을 해 보겠다.
크라운판의 경우 표지의 날개가 있는 경우와 없는 경우가 있는데 표지 용지의 계산은 두 가지로 하고 제작발주서는 날개가 있는 표지로 제작을 하는 경우로 작성하겠다.
제작사양서의 조건은 다음과 같다.

제작사양서

판형	크라운판(176mm×248mm)
제작부수	3,000부(제책 : 무선)
본문 페이지	224P
본문 인쇄 도수	2도
표지	날개 유(有), 라미네이팅 후 부분 UV
표지 인쇄 도수	4도
면지	있음(앞뒤 각 2장씩)

표지 용지 계산

크라운판(176mm×248mm)의 표지는 46배판(188mm×257mm)의 표지 용지 계산과 동일하게 보면 된다. 신국판(152mm×225mm)이 46전지 2절로 절수를 나누고 46배판(188mm×257mm)이 국전지로 절수를 나누므로 그 중간 사이즈인 크라운판(176mm×248mm)은 당연히 국전지에 표지 작업이 가능하겠다.

표지의 날개가 있는 경우와 표지의 날개가 없는 경우로 구분을 해서 종이 계산을 해 본다. 그리고 크라운판은 국전지로 인쇄를 한다는 것을 상기하고 용지 발주를 하자. 표지 용지가 좀 여유 있게 남을 것이다. 그렇다고 46전지 2절에는 작업을 할 수는 없다.

표지 날개가 있는 경우

크라운판의 경우 표지에 날개가 있는 경우라면 국전지에 3벌로 작업된다(종이결은 종목이다). 3,000부 제작이니 여분은 150장 정도만 주기로 하자. 표지 후가공이 있지만 별로 차이는 없을 것으로 생각이 된다.

기본적인 사고 : 크라운판(표지 날개가 있는 경우) 표지는 국전지로 인쇄한다. 그러므로 [(3,000부÷3절)+여분 150장]÷500매=2.3연이다.

[(3,000÷3)+150]÷500=2.3R 이다.

표지 날개가 없는 경우

크라운판의 경우 표지에 날개가 없는 경우라면 국전지에 4벌로 작업된다 (종이결은 횡목이다). 3,000부 제작이니 여분은 150장 정도만 주기로 하자. 이 또한 표지 후가공이 있지만 별로 차이는 없을 것으로 생각이 된다.

기본적인 사고 : 크라운판(표지 날개가 없는 경우) 표지는 국전지로 인쇄한다. 그러므로 [(3,000부÷4절)+여분 150장]÷500매=1.8연이다.

[(3,000÷4)+150]÷500=1.8R을 발주하면 된다.

본문 용지 계산

크라운판의 경우 본문 용지는 대국전지(720mm×1,020mm)를 사용한다는 것을 머릿속에 기억을 하고 본문 용지를 계산하자. 만약 선택한 지종이 대국전지가 없는 경우 그리고 편집 및 디자인 담당자가 꼭 크라운판형으로 해야 한다면 46전지(788mm×1,091mm)를 대국전지 사이즈를 재단을 해서 사용할 수밖에는 없다(1,000부 미만으로 제작하는 경우).

크라운판의 경우 먼저 선택한 본문 용지가 대국전지가 생산되는지를 먼저 파악한 후 담당자와 의논하여 진행하는 것이 가장 좋은 방법이다.

먼저 본문 페이지가 224쪽이고 3,000부 제작이며 본문이 2도임을 생각하자.

본문 용지의 기본 공식에 적용을 시키면 다음과 같이 계산할 수 있다.

[(224P÷32쪽)×3,000부]÷500

즉 [(224÷32)×3,000]÷500=42연이 본문 정미가 된다.

본문이 2도이며 3,000부를 제작하므로 본문 여분을 150장 주기로 하자.

[(224P÷32쪽)×150장]÷500

즉 [(224÷32)×150]÷500=2연이 본문 여분 용지가 된다.

정미 42연과 여분 2연을 합하면 44연이 제작 발주할 본문 용지의 총량이 된다.

이상의 내용을 다시 정리하면 다음과 같다.

- 본문 정미: [(224÷32)×3,000]÷500=42연
- 본문 여분: [(224÷32)×150]÷500=2연
▶ 발주할 총 본문 용지 : 44연

면지 용지 계산

크라운판의 경우 46배판과 동일한 면지 구하는 방법으로 구하면 된다. 먼저 면지는 앞뒤 각 2장씩이므로 총 4장이 된다. 그러므로 페이지로는 총 8페이지가 된다.

다음과 같이 면지를 계산해 보자.

[(8÷32)×3,000]÷500=1.5연이 정미가 된다.

즉 면지 페이지를 쪽으로 나눈 다음 제작할 부수를 곱한 후 500으로 나누면 된다.

면지 또한 여분을 주는데 1,000부는 20장, 2,000부~3,000부는 30장 정도, 4,000부~5,000부는 40장~50장 정도를 주면 된다.

3,000부 제작이니 여분 면지를 30장을 주어 보겠다. 그러면 30÷500=0.06연이 여분이 되는데 정미 1.5연과 여분 면지 0.06연을 더해서 1.56연을 발주하면 된다. 즉 1연 280매를 발주하면 되는데 이때는 1연 300매(1.6연)를 발주하면 된다(보통 자투리 용지를 50매, 100매, 150매, 200매, 250매, 300매 단위로 발주를 해준다). 그렇게 되면 여분 종이를 50장을 주는 것이 된다.

보통 본문 용지와 표지 용지의 발주 시 여분 종이를 좀 넉넉하게 주면 3,000부 발주 시 2%~3%인 60부~90부 정도가 더 나온다. 그러므로 면지도 좀 넉넉하게 주면 좋다.

제작발주서 작성

앞에서 계산한 표지, 본문, 면지 종이의 정미와 여분 종이의 내용들을 정리하면 다음과 같다.

- 표지(날개 유): 정미 2연+여분 150매=2연 150매=2.3연
- 본문: 정미 42연+여분 2연=44연
- 면지: 정미 1.5연+여분 50매=1연 300매=1.6연

이상의 내용을 가지고 다음과 같이 제작발주서를 작성하면 된다.
종이 발주 항목에 종이 발주 내용을 입력하고 인쇄, 후가공, 제책 항목에 각각의 특이사항들을 입력해준다. 표지나 띠지의 경우 어떤 전지에 몇 벌로 작업이 되었는지를 기입해 두면 나중에 재판 발주 시 많은 도움이 된다.

제작발주서(신간)

도서명	1인 출판사 경영 실무노트		
판형	크라운판(176mm×248mm)	발주일	20XX년 XX월 XX일
판쇄(발행일)	초판 1쇄(20XX년XX월XX일)	제작 부수	3,000부
본문 쪽수	224쪽	제본/후가공	무선 / 모래무늬 후 부분UV
<전달사항>	· 출판사 담당자 :		

◆ ○○제지 : 담당자 -

	항목	종류	색상	무게	규격	정미	여분	주문량(합계)
종이	표지	아트지	-	250g	국전지 종	2연	150매	2연 150매
	본문	백상지	미색	100g	대국전지 종 (720mm× 1,020mm)	42연	2연	44연
	면지	빼직칼라	밤색	120g	46전지 종	1.5연	50매	1연 300매
	<전달사항>	1. 본문, 표지 용지 입고처 : 2. 면지 입고처 :						

◆ ○○인쇄 : 담당자 -

	구분	도수	절수	<작업내용>	<특이사항>
인쇄	표지	4도	3절	날개 유	국전지에 3벌 / 종이결 종목
	본문	2도	16절		대국전지로 인쇄 / 종이결 종목
	띠지	없음	없음		
	<전달 사항>	1. 2. 3.			

◆ ○○라미네이팅 : 담당자 -

	구분	절수	<작업내용>	<특이사항>
후가공	표지	국전지에 3벌	모래무늬, 부분 UV	모래무늬 후 부분 UV
	띠지	없음		

◆ ○○제책사 : 담당자 -

	제본방식	무선	부탁말씀	1. 2. 3.
제본	표지 날개	유		

크라운판 제작발주서 샘플 화면

TIP 01. 타블로이드판(254mm×374mm) 제작 사양 보기

타블로이드판은 일반 단행본 출판사에서는 그렇게 많이 사용되지 않는 판형이나 외국어, 수험서 전문 출판사의 경우 시험 문제집, 기출 문제집 등에 간혹 사용되는 판형이다. 여기서는 가로(254mm) 부분이 무선제책이 되는 상철 무선일 때를 기준으로 알아본다(시험 문제집 형태).

타블로이드판 제작 시 표지와 본문은 다음의 종이에 다음의 절수로 작업을 하면 된다.
1. 표지는 46전지 2절에 2벌이 나오며, 종이결은 종목 방향으로 작업이 된다. 물론 표지의 날개는 없다.
2. 본문은 46전지에 16쪽으로 계산을 하며 접지는 8P 접지가 되도록 출력을 해야 한다. 종이결은 종목 방향으로 선택하면 된다.

TIP 02. 컬러링북(250mm×250mm) 제작 사양 보기

책 사이즈가 가로, 세로 동일한 250mm×250mm인 컬러링북의 제작 시 알아야 할 것에 대해서 알아본다.

1. 표지는 46전지 2절에 3벌로 작업한다(종이결은 횡목). 이 판형은 보통 표지 날개는 없이 만들고 표지 날개가 필요한 경우에는 별도로 커버를 제작해서 커버 작업을 한다. 띠지나 커버의 경우 추가 비용이 발생하므로 표지 날개 없음으로 마무리를 하는 것이 좋을 것 같다. 주의할 점은 표지 라미네이팅 작업 시 표지의 상단부분의 라미네이팅 작업이 조금은 안 될 수 있다. 라미네이팅 작업 시 주의를 당부하자.

2. 본문은 46전지 2절에 12페이지로 작업을 하며 46전지로 작업 시에는 24페이지로 종이 계산을 하면 된다(종이결은 횡목). 본문 종이가 120g 미만이고 본문이 1도인 경우에는 46전지에 작업을 하면 좋다. 그러면 CTP 판 비용이 절약된다.

한 권의 도서에 대한 정확한 제작 원가를 산출하여야만 몇 부 정도 판매가 되면 손익분기점이 되는지를 판단하는 자료가 된다. 그 자료를 근거로 마케팅 비용을 책정하는 기본 자료로 활용할 수 있다. 그렇게 하기 위해서는 용지, 인쇄, 출력, 제책 등의 제작 단가표를 보는 방법과 제작 단가를 산출하는 방법을 알아야만 된다. 그 자료를 바탕으로 제작원가표를 만들 수가 있다.

먼저 용지, 인쇄, 출력, 제책 등의 제작 단가표를 보는 방법에 대하여 알아보겠다.

제작비
원가 산출에
대하여

01

용지 단가표 보는 방법

출판사에 용지를 공급하는 지업사는 제지 회사로부터 종이를 공급받아서 출판사에 공급한다.

제지 회사에서 지업사에게 용지를 공급할 때 공장도 가격에서 몇 % 할인된 금액으로 공급한다. 그렇게 공급을 받은 지업사는 출판사에게 공장도 가격에서 다시 몇 % 할인된 금액으로 공급을 한다. 즉 용지의 공장도 가격은 제지 회사마다 거의 동일하며 할인율(%)로 가격이 결정된다.

다음의 도표를 보면 이해가 갈 것이다.

용지 단가표

지종 및 평량	공장도가격 국전지	공장도가격 46전지	할인율 (%)	공급가격 국전지	공급가격 46전지
백상지 80g	35,479	51,070	15	30,157	43,410
백상지(미) 80g	37,690	54,260	15	32,037	46,121
백상지 100g	43,950	63,260	15	37,358	53,771
백상지(미) 100g	46,680	67,200	15	39,678	57,120
뉴플러스지 80g	36,530	52,580	13	31,781	45,745
뉴플러스지(미) 80g	38,800	55,860	13	33,756	48,598
뉴플러스지 100g	45,270	66,170	13	39,385	57,568
뉴플러스지(미) 100g	48,080	69,200	13	41,830	60,204
아트지 120g	54,280	78,130	12	47,766	68,754
아트지 150g	67,850	97,670	12	59,708	85,950
아트지 180g	81,420	117,200	12	71,650	103,136
아트지 200g	94,500	136,040	12	83,160	119,715
아트지 250g	118,130	170,050	12	103,954	149,644
아트지 300g	141,750	204,060	12	124,740	179,573

단위 : 원(VAT 별도)

국전지, 46전지의 각 지종에 따른 공장도 가격은 정해져 있다. 이것을 할인율에 따라 지업사가 출판사에 공급하는 것이다. 이러한 할인율은 업체마다 모두 다르다. 그 이유는 첫 번째로 제지 회사에서 지업사로 주는 할인율이 다르고 두 번째는 지업사가 출판사의 결제 금액이나 결제 조건에 따라서 조절을 하기 때문이다. 즉 현금으로 결제를 하고 한 달에 많은 종이를 사용하는 출판사가 가장 많은 할인율을 받는 것이다.

제작원가표를 작성하기 위해서는 발주할 정확한 지종을 알고 그 지종이 어떠한 할인율을 적용받아서 단가가 정해지는지를 알면 된다. 참고로 용지의 할인율은 수요와 공급의 법칙 그리고 해외 수출 및 원자재 수급 등에 따라 변동이 된다.

02

인쇄 단가표 보는 방법

인쇄 단가는 보통 1도당 단가로 책정되며 표지와 띠지는 국전지, 46전지, 대국전지의 연수에 따라 차등 책정된다. 본문은 제작부수에 따라 차등 적용한다. 표지, 띠지의 경우는 기본을 1R로 하고 1R 미만도 1R 단가를 적용시킨다.

본문의 경우 기본을 1,000부로 하고 1,000부 미만도 1,000부에 해당하는 기본단가를 적용시킨다. 보통 1,000부, 2,000부, 3,000부, 5,000부로 차등적으로 도당 및 연(R)당으로 인쇄 단가가 책정된다.

CTP로 제작을 하는 경우에는 인쇄비 단가에서 제판비를 제외하면 된다. 제판비는 필름으로 출력을 한 경우에만 해당이 된다.

[인쇄 단가표]를 보면 책 제작 시 한 번에 많은 부수를 제작하면 단가가 떨어지는 것을 알 수 있다. 그렇다고 신간을 많이 제작할 수는 없다. 만약 팔리지 않는다면 모두 재고가 되기 때문이다. 그러므로 제작 시 초판 제작부수를 신중하게 결정해야 한다.

인쇄 단가표

구분	기준	규격			비고
		46전지	국전지	대국전지	
제판비		6,000	6,000	6,000	도당 단가
소부비		10,000	10,000	10,000	
표지 인쇄비	1R까지	10,000	10,000		연(R)당 단가
	2R	9,000	8,000		
	3R	8,000	7,000		
	4R	7,000	6,000		
	5R 이상	6,000	5,000		
띠지 인쇄비	1R까지	10,000	10,000		연(R)당 단가
	2R	9,000	8,000		
	3R	8,000	7,000		
	4R 이상	6,000	5,000		
본문 인쇄비	1,000부 미만	5,400	5,000	5,200	1. 대당, R당 단가 2. 1R 미만은 1R 적용 3. 수입지는 50% 추가 4. 별색은 2도 적용 5. 베다는 2도 적용
	2,000부	4,900	4,500	4,700	
	3,000부	4,600	4,200	4,400	
	4,000부	4,300	3,900	4,100	
	5,000부 이상	4,000	3,600	3,800	

단위 : 원(VAT 별도)

간단하게 인쇄비(전체 인쇄비는 인쇄비+소부비+제판〈터잡기〉비인데 여기서는 인쇄비만 구한다)를 구하는 방법에 대하여 알아보자.
예를 들어 신국판(표지 날개 유, 본문 2도, 표지 4도)이고 224P인 책을 3,000부 제작한다고 하면 다음과 같이 인쇄비를 구할 수 있다.

- 표지: (3,000÷6)+100=500(정미)+100(여분)=1연 100매
- 본문 : - 정미 : (224÷32)×3,000=42연
         - 여분 : (224÷32)×150=2.1연

여기서 표지와 본문 정미만 가져오자. 표지 정미는 1연이고 본문 정미는 42연이다.
표지(4도)는 46전지 2절에 인쇄를 하므로 1도당 10,000원의 단가에 적용을 받아서
1(연)×4(도)×10,000원(도당 인쇄비)=40,000원이다.
본문(2도)은 국전지에 인쇄를 하고 3,000부 제작이므로 1도당 4,200원의 단가에 적용을 받아서
42(연)×4(도 / 전면 2도, 후면 2도의 합이 4도여서 4를 곱한다)×4,200원=705,600원이다.

다음과 같이 정리할 수 있다.

- 표지(4도) 인쇄비: 1×4×10,000=40,000원
- 본문(2도) 인쇄비 : 42×4×4,200원=705,600원

본문의 경우 2도인 경우 전면 2도, 후면 2도로 인쇄를 하므로 4도가 된다. 만약, 본문이 4도라고 하면 전면 4도, 후면 4도로 인쇄를 하므로 8도가 되어 4가 들어갈 자리에 8이 들어가면 된다.

여기서는 순수 인쇄비만 먼저 알아보았다.

03

출력 단가표 보는 방법

출력에는 필름 출력과 CTP 출력으로 나눌 수 있다. 먼저 필름 출력 비용에 대해서 알아본다.

필름 출력 시 표지의 경우 46전지 2절일 때와 국전지일 때가 가장 많은데 보통 4도로 많이 출력하므로 46전지 2절일 때는 48,000원이고 국전지로 출력을 하면 64,000원이 된다(필름 출력 단가표 참고).

예를 들어 신국판 본문(2도)을 국전지에 출력을 하게 되면 32,000원에 출력하는 대수를 곱하면 된다(국전지로 출력하는 경우에 4도의 경우 출력비가 64,000원이므로 국전지 1도 출력비는 16,000원이 된다. 여기서는 2도로 출력하므로 32,000원이 되는 것이다). 낱장으로 출력하였다고 하면 출력하는 전체 페이지에 2,400원을 곱하면 된다. 가격은 동일하다.

낱장으로 출력하는 경우 편집 담당자가 필름 검판 하기에는 쉬워도 다시 낱장을 제판 작업을 해야 하므로 추가 비용이 발생하며 전체 통 필름으로 출력을 하면 필름 검판은 조금은 번거롭지만, 제판(터잡기) 비용이 발생하지 않는다.

수정자(字)가 많은 경우 낱장 출력을 권하고 싶고 수정자(字)가 많지 않다면 통 필름을 권하고 싶다. 필름 출력을 하는 경우 대부분 통 필름으로 출력을 많이 하므로 참고하기 바란다.

필름 출력 단가표

판형 및 사이즈(mm)	1도	2도	3도	4도
46판(128*188)	1,000	2,000	3,000	4,000
46배판(188*258)	1,500	3,000	4,500	6,000
신국판(153*223)	1,200	2,400	3,600	4,800
국배판(210*297)	2,000	4,000	6,000	8,000
46 8절(258*386)	3,000	6,000	9,000	12,000
46 4절(386*545)	6,000	12,000	18,000	24,000
46 2절(545*788)	12,000	24,000	36,000	48,000
국4절(297*440)	4,000	8,000	12,000	16,000
국2절(440*625)	8,000	16,000	24,000	32,000
국전지(636*939)	16,000	32,000	48,000	64,000

단위 : 원(VAT 별도)

본문 전체를 통 필름으로 출력을 하였다고 하자. 차후 재판 진행 시 수정 필름의 교체가 있을 수도 있다면, 이때는 하나의 원칙을 정하자.
보통 한 판당 8페이지의 필름들이 작업되어 있다고 했을 때 해당 판수의 50% 이상이 수정 필름으로 교체를 해야 한다면 그 판은 다시 통 필름으로 출력을 하는 것이 좋다.

50% 이상의 페이지에 수정자(字)가 있는 경우이고 특히, 4도인 경우에는 제판(터잡기) 담당자가 기존의 필름에서 수정할 필름을 오려 내고 다시 새로운 필름으로 교체하는 작업이 만만하지 않기 때문이다. 필름을 교체해서 소부작업을 한다고 해도 인쇄 시 인쇄 핀이 100% 잘 맞게 나오지는 않을 것이다. 그러므로 제판(터잡기) 비용도 절약되는 통 필름으로 출력을 해주면 서로가 도움이 된다. 그 원칙은 내부에서 정하면 된다.

요즘은 대부분 CTP 출력을 많이 한다. CTP 장비들이 많이 보급되었고 CTP 판 비용이 예전에 비해 저렴해져서 그렇다고 본다. CTP 출력을 하는 경우 업무 진행에도 편리하다. 출력소나 인쇄소의 웹하드에 데이터를 보내고 난 뒤 제작업체에서 만들어둔 최종 출력용 PDF 파일을 다운로드해서 점검을 하면 된다.

CTP 판 출력 단가표

판 종류	46전지	46전지 2절	국전지	대국전지
금액	13,000	8,000	9,000	9,000

단위 : 원(VAT 별도)

46전지로 출력하는 경우와 46전지 2절로 출력하는 경우에 따라 CTP 판 비용의 변화가 있다. 그러므로 CTP 단가 확인 시 46전지의 경우와 46전지 2절인 경우의 규격별 단가를 꼭 확인해야 한다.

46전지로 출력하는 경우의 CTP 판 비용 계산

> (320P÷32)=10대
>
> 10대×4(2도/2도)×13,000원
>
> =520,000원

1. 32로 나누는 이유 : 46전지 앞면이 16P이고 뒷면도 16P이므로
2. 4(2도/2도)를 곱하는 이유 : 46전지 앞면이 2도이고 뒷면도 2도이므로

46전지 2절로 출력하는 경우의 CTP 판 비용 계산

> (320P÷16)=20대
>
> 20대×4(2도/2도)×8,000원
>
> =640,000원

1. 16으로 나누는 이유 : 46전지 2절의 앞면이 8P이고 뒷면도 8P이므로
2. 4(2도/2도)를 곱하는 이유 : 46전지 2절의 앞면이 2도이고 뒷면도 2도이므로

이상과 같이 금액의 차이가 난다. 참고로 본문이 4도(컬러)인 경우에는 46전지 인쇄를 신중하게 생각해야 한다. 현장에서 작업하시는 분의 말을 옮기자면 인쇄 핀이 잘 안 맞을 수 있다고 한다. 그리고 종이의 두께가 150g 이상인 경우에도 46전지로 인쇄하는 경우에 주의를 해야 한다. 보통 120g 정도까지는 본문이 1도 또는 2도인 경우 46전지로 인쇄하는 것을 추천한다.

04

제책 단가표 보는 방법 - 무선, 양장, 중철

제책 단가의 경우 제책 방법에 따라서 무선, 양장, 중철제책으로 나눌 수 있다.
먼저 무선제책의 단가표 보는 방법부터 설명한다.

무선제책 단가표

판형	페이지 공임 비용	페이지당 단가	표지 날개	띠지	커버	접지	베라
국배판	P+24	1.5	50	60	70	30	30
46배판	P+24	1.3	50	60	70	30	30
신국판	P+24	0.9	50	60	70	30	30

단위 : 원(VAT 별도)

<세부사항>

1. 무선제책비의 경우 46판(128mm×188mm), 국반판(105mm×148mm)은 신국판(152mm×225mm) 단가와 동일하다고 보면 된다.

2. P+24에서 P의 의미는 책의 본문 페이지를 말하고 24의 의미는 면지가 앞뒤 각 2장씩 넣으므로 8P가 되고 날개 4P를 더하면 12P가 된다. 그(12P) 2배가 24P이다.

예를 들어 신국판 208P의 무선제책 단가는 (208+24)×0.9원=208.8원이 된다.

표지 날개가 있다면 208.8원+50원이 되어 권당 258.8원이 된다.

3. 표지 날개, 띠지 작업은 일반적으로 무선 작업 시 병행이 되므로 단가를 잘 확인해야 한다.

4. 책 표지 날개가 없는 경우 별도로 커버 작업을 하는 경우도 있다.

5. 접지는 브로마이드나 전단지를 접는 비용으로 접는 작업만으로도 비용이 발생하는데 이것을 책에 삽입하는 작업이 있을 수도 있다. 그러면 추가 비용이 발생한다.

6. 베라는 본문 안에 별도의 카드 북이나 본문 용지와 다른 용지(두꺼운 용지)가 들어갈 경우의 페이지당 단가이다.

7. 그 외 면지에 CD 부착 작업, 삽지 넣기, 스티커 붙이기, 비닐 커버

넣기 등의 부가적인 작업들이 있는데 그러한 작업이 있을 경우 그때그때 단가를 확인해야 한다.

8. 무선제책의 경우 부수가 적은 경우 기본 단가는 200,000원~250,000원 정도이다.

9. 페이지가 얇아서 한 권의 제책 비용이 100원 미만인 경우(날개가 있는 경우)에는 기본 단가가 100원 정도(날개 비용 별도)이고 날개가 없는 경우 80원~100원 정도이다. 이 경우 전체 비용이 기본 단가 보다 적다면 기본 단가를 지급해야 한다.

다음으로 양장제책의 단가표 보는 방법에 대하여 알아본다.

기본적으로 양장제책은 무선제책 보다 3배~5배 정도 비싸다고 보면 된다. 그 이유는 작업 공정에서의 시간 소모도 있지만 합지 비용과 그에 따른 부대 공임비(헤드밴드, 가름끈, 등지 작업)가 비싸기 때문이다.

가격이 비싸도 양장제책 나름의 품위가 있기 때문에 양장제책을 필요로 하는 출판사에서는 많이 활용되고 있는 제책 방법이다.

양장제책 단가표

판형	페이지 공임 비용	페이지당 단가	부대 공임	합지 비용	합지바리	커버 작업	포장비
국배판	P+16	1.9	500	400	250	70	20
46배판	P+16	1.7	480	350	230	70	20
신국판	P+16	1.5	450	270	200	70	20

단위 : 원(VAT 별도)

<세부사항>

1. P+16에서 P의 의미는 책의 본문 페이지를 말하고 16의 의미는 면지

가 앞뒤 각 2장씩 넣으므로 8P가 되는데 그 8P의 2배를 말한다.

예를 들어 46배판 208P의 양장제책 단가는

[(208+16)×1.7원]+480원+350원+230원+70원+20원=1,530원이 권당 제책 비용이 된다.

2. 부대 공임 : 헤드밴드 부착, 세양사 작업, 가름끈(시오리) 부착, 등지 작업이 포함된다.

3. 합지의 종류 900g, 1,000g, 1,200g, 1,300g, 1,400g, 1,500g, 1,800g, 2,000g이 주로 많이 사용된다. 경험으로 신국판의 경우 1,400g~1,800g을 사용하고 46배판이나 국배판의 경우 1,800g 이상을 사용하여야 합지의 휨 현상을 막을 수 있다.

4. 46판, 국반판은 거의 신국판 단가와 비슷하다고 보면 된다.

5. 그 외 작업이 있을 경우 단가를 먼저 알아보고 진행시킨다(예를 들어 CD 부착, 카드 접지, 삽지물 삽입 등).

6. 포장비의 경우 일반적으로 오비지에 10권~20권으로 작업을 한다. 양장의 경우 댐지를 위아래에 대고 밴딩 하는 것보다는 오비지를 사용하여 포장하는 것이 책을 견고하게 말릴 수 있어서 도움이 된다.

마지막으로 중철제책에 대하여 알아보겠다.

중철은 보통 본책의 부록이나 홍보용 샘플 북 제작에 주로 많이 사용되는데 출판 이외에 여러 분야에서 사용되는 제책 방법이다. 양장이나 무선제책에 비하여 제책 비용이 비교적 저렴한 편이다.

중철제책 단가표

판형	대수 당(꼭지 당)
국배판	15
46배판	13
신국판	12

단위 : 원(VAT 별도)

<세부사항>

1. 중철제책의 단가는 대수 당(꼭지 당) 단가로 산출된다. 예를 들어 46배판 96P의 작업물인 경우 [(96÷16)=6]이 된다. 여기서 표지를 1대로 본다. 그러므로 총 7대가 된다.
대수가 7인 경우 [7대×13원(46배판 단가)=91원]이 되는데
3,000부인 경우 [91원×3,000부=273,000원]이 된다.
2. 본문을 두꺼운 종이로 사용하는 경우 8P가 한 대수가 될 수도 있다.
3. 46판과 국반판의 경우 신국판의 경우와 같이 대수 당 단가가 동일하다.
4. 부수에 관계없이 기본단가는 150,000원~200,000원 정도이다.

중철제책에 있어서 제책 비용을 구하려고 할 때에는 대수를 구하는 방법이 중요한데 다음의 설명을 보자.

<대수 구하는 방법>

일반적으로 본문 용지를 80g을 사용한 경우 페이지에 16으로 나누면 대수가 나온다.
예를 들어 46배판의 경우 본문 용지 정미를 계산할 경우 페이지에 나누기 32를 하여 원하는 부수를 곱한 후 나누기 500을 하지만 중철에서

대수를 계산하는 경우에는 무조건 16으로 나누면 되는 것이다.

무선제책과 다르게 중철제책은 페이지가 상대적으로 얇다. 그래서 대수를 단가에 적용한다.
예를 들어 1/2돈땡(같이 걸이)이나 1/4돈땡(같이 걸이)의 경우도 16페이지가 아닌 8페이지, 4페이지가 되어도 한 꼭지 개념(한 대수)으로 단가가 산출되는 것이다.

> 페이지 ÷ 16

16으로 나누는 이유는 본문의 접지를 16P로 하기 때문이다.
예를 들어 신국판이 A면 16P, B면 16P로 인쇄가 되어 있다고 하자. 인쇄는 이렇게 할지라도 제책 시에는 절반을 제단을 하여 A면 8P, B면 8P인 상태에서 접지가 이루어진다. 그래서 1대가 16P가 되는 것이다. 앞에서도 말했지만 본문이 두꺼운 용지로 만들어지는 경우 8P로 나누기도 한다.

> **TIP**
>
> 무선제책 작업 후 댐지 비용을 별도로 청구할 수도 있다. 댐지 비용의 경우 책의 두께가 있는 책의 경우에는 20부~30부가 한 묶음이 될 것이고 책의 두께가 얇은 경우에는 30~50부가 한 묶음이 될 것이다. 예를 들어 신국판 256페이지의 책을 2,000부 정도 제책했다고 한다면 댐지 비용은 10,000원 미만 정도가 된다. 참고만 하자.

05

후가공 단가표 보는 방법

표지 인쇄 후 가장 기본적인 작업인 표지 라미네이팅 작업의 제작 단가표와 동시에 이루어지는 부분 UV 또는 에폭시 작업의 제작 단가표를 보는 법에 대하여 알아보겠다.

보통 라미네이팅을 기본적으로 한 후 부분 UV를 하든지 아니면 에폭시 작업을 하는데 이상의 3가지를 동시에 하는 경우는 조금 드물다.

라미네이팅은 유광, 무광의 건식과 습식으로 나뉜다. 작업하는 용지의 크기와 수량에 따라 단가를 적용시키면 된다. 보통 46전지 2절과 국전지로 작업을 많이 하므로 그 부분의 단가에 조금 더 신경을 쓸 필요가 있다.

부분 UV와 에폭시 작업도 46전지 2절과 국전지로 작업을 많이 한다. 작업비의 경우 1.0R(국전지 500장이고 46전지 2절은 1,000장) 미만은 1.0R로 청구된다. 필자가 처음 제작 업무를 진행할 때에는 0.3R, 0.5R로도 단가가 청구되었는데 라미네이팅 원재료의 수입 단가가 상승을 하는 시점에서 1.0R 미만은 1.0R 단가로 청구가 되기 시작했다.

라미네이팅 제작 단가표

구분	규격	단위	유광		무광		비고
			건식	습식	건식	습식	
라미네이팅	46전 2절	1,000장	65,000	65,000	70,000	70,000	
	국전지	500장	55,000	55,000	60,000	60,000	
	국반절	1,000장	55,000	55,000	60,000	60,000	
	8절/6절	장당	45	45	50	50	
	국 4절	장당	45	45	50	50	
	4절/국3절	장당	50	50	55	55	
	장3절	1,500장	60,000	60,000	65,000	65,000	
부분 UV	국전지	500장	65,000				
	46전 2절	1,000장	75,000				
에폭시	국전지	500장	150,000				
	국 2절	1,000장	180,000				
	46전 2절	1,000장	200,000				
제판대			50,000				부분 UV, 에폭시

단위 : 원(VAT 별도)

표지에 라미네이팅 작업 후 박 작업이나 형압 작업이 이루어지기도 한다. 그리고 두꺼운 접지물(브로슈어나 팜플렛의 표지)의 경우 오시 작업을 해야 한다(180g~200g 이상일 때).
본문의 뒤쪽에 보통 삽입되어 있는 카드북의 경우에는 미싱 작업(부록 시험지나 해답지)을 해야 하며 카드(마법 천자문의 카드와 같은 류)는 모양 따기 작업을 해야 한다.

박, 형압, 오시, 미싱, 모양 따기 작업의 제작 단가표는 다음과 같다.

박, 형압, 오시, 미싱, 모양 따기 제작 단가표

품명	규격	수량	단가
금박, 은박	부수 당	1	70
홀로그램 박 및 색박	부수 당	1	90
형압	부수 당	1	60
오시, 미싱	1,000장 또는 1R 기준		50,000
모양 따기(도무송)	1,000장 또는 1R 기준		55,000

단위 : 원(VAT 별도)

금박, 은박의 경우와 홀로그램 박, 색박의 단가가 조금 차이가 난다. 그 이유는 원자재가 수입품이냐 국산이냐에 따라 달라진다.
박 작업과 형압 작업의 경우 표지 1장 당 단가가 책정되어 있으며 오시, 미싱, 모양 따기는 1R 또는 표지 1,000장을 기준으로 단가가 책정 된다.
이상의 내용이 모든 후가공 업체에서 동일하게 적용되는 것은 아니고 일반적인 단가 적용 규칙임을 밝혀둔다.

06

음반 단가표 보는 방법

일반 단행본 출판사의 경우 거의 음반 제작이 없으나 외국어 출판사의 경우 대부분의 도서에 부록으로 CD가 들어가므로 음반 제작 단가에 민감하다.

몇 년 전부터는 녹음만 하고 음원을 MP3로 바꾸어 자사 홈페이지에 무료로 올려서 다운로드하도록 하는 회사들도 많아졌다. 또는 일정한 확인 작업을 거친 후 다운로드를 하게 해 주는 추세이다.

음반 단가는 크게 마스터 제작과 CD 제작으로 나뉘는데 여기서 마스터 제작은 녹음실에서 성우들을 섭외하여 녹음을 하고 편집을 하여 최종 음원을 만드는 작업을 말한다. 그리고 CD 제작은 CD 제작업체를 통하여 CD를 제작하는데 들어가는 비용을 말한다.

일반적으로 녹음실은 녹음을 주로 하고 CD 제작은 전문 CD 제작업체에 의뢰하여 제작을 한다. CD를 부직포에 넣는 작업도 전문 CD 제작업체에서 고주파 전문 업체에 외주를 주어 납품을 하게 된다.
출판사에서는 거래하는 녹음실과 녹음 스케줄만 잡으면 된다. 외국어 녹음의 경우 외국인 성우도 섭외를 요청하면 녹음실에서 거래하는 업체에서 섭외해준다. 작업의 난이도에 따라서 편집 비용, 음향 효과 비용의 가격 변동이 심하다.

음반 제작 단가표

구분	항목	규격	수량	단가	금액	비고
마스터 제작	스튜디오 사용	시간	1	100,000	100,000	
	외국인 여자 성우	시간	1	90,000	90,000	
	외국인 남자 성우	시간	1	100,000	100,000	
	내국인 여자 성우	시간	1	110,000	110,000	
	내국인 남자 성우	시간	1	120,000	120,000	
	편집 비용	EA	1	-	-	
	음향 효과 비용	EA	1	-	-	
	마스터 비용	EA	1	10,000	10,000	
CD 제작	CD 제작비	EA	2,000	220	440,000	
	고주파 포장비	EA	2,000	120	210,000	부직포
	DVD 제작비	EA	2,000	550	1,100,000	

단위 : 원(VAT 별도)

마스터 제작에서 마스터 비용은 완성된 음원을 CD에 담아주는 비용을 말한다. 출판사는 이 마스터 CD를 CD 제작업체에 넘기면 된다. 넘길 때에는 CD 라벨에 인쇄할 라벨 데이터 또는 필름을 출력해서 주면 된다.

CD 제작비와 DVD 제작비는 차이가 많이 나는데 CD의 용량과 DVD의 저장 용량의 차이가 많이 나기 때문이다. 보통 CD는 700MB의 저장 용량이고 DVD는 4.2G, 4.7G의 저장 용량이다.

07

편집 단가표 보는 방법

규모가 있는 출판사의 경우 편집부와 디자인부가 함께 있어서 자체에서 표지, 본문의 디자인은 물론 본문의 편집까지 처리가 가능하다. 하지만 그렇지 못한 경우 표지 및 본문 편집 작업을 외주 처리해야 한다. 편집비의 경우 작업의 난이도와 작업자의 실력에 따라 가격의 차이가 가장 많이 나는 업종 중에 하나라고 생각한다. 당연히 정해진 가격은 있어도 그 가격의 차이를 100% 검정할 방법이 없는 직업군이기도 하다. 그렇다 보니 외주 작업 처리 시 확실한 작업 계약서를 작성 후 일을 진행할 필요가 있다.

다음은 평균적인 단가라고 보기 바란다.
이 단가 보다 더 저렴하게 하는 업체도 있을 수 있을 것이고 더 비싸게 하는 업체도 있을 것이다. 제작원가표에서 제작비 산출을 위한 하나의 항목으로서 공개하는 것이므로 단가에 너무 연연하지 말기 바란다.

편집 단가표

구분	품명	단가	비고
표지 디자인	1권	1,000,000	
	2권(시리즈)	700,000	2권부터는 + 20만원
	3권 이상(시리즈)	600,000	2권부터는 + 10만원
본문 디자인	1권	500,000	생략 가능
	2권(시리즈)	450,000	
	3권 이상(시리즈)	400,000	
본문 편집비	1도	5,000	페이지당 단가
	2도	8,000	
	4도	12,000	

단위 : 원(VAT 별도)

먼저 표지는 보통 1권을 작업하는 경우가 많지만, 시리즈의 경우 권당 표지 단가가 내려가는 것을 알 수 있다. 본문 디자인 비용 또한 마찬가지다. 왜냐하면 처음 잡아둔 디자인 시안으로 시리즈의 작업이 이루어지기 때문이다.

본문 편집비의 경우 1도, 2도, 4도로 구분되어 페이지당 단가가 책정되는데 다른 업체의 경우 판형(국배판, 46배판, 신국판)에 따라 단가가 책정되기도 한다.

> 이번 장에서 제시한 단가들은 지금 현재 사용되는 단가표가 아님을 알려드리며 출판 제작원가표 작성 및 단가 산출의 방법론적인 것을 설명하기 위하여 필자가 임의로 만든 단가표임을 밝혀둔다.

한 권의 도서에 대한 정확한 제작원가를 산출하여야만 어느 정도 판매가 되면 손익이 되는지 판단하는 근거를 만들 수 있다. 그렇게 하기 위해서는 용지, 인쇄, 출력, 제책 등의 단가표를 보는 법을 알아야만 되며 그러한 자료를 바탕으로 제작원가표를 만들 수 있다. 먼저 용지, 인쇄, 출력, 제책 등의 단가표를 보는 법을 설명하고 그러한 자료를 가지고 제작원가표를 만드는 방법에 대하여 알아보겠다.

7

제작원가표 작성하기

01

제작원가표 작성하기 실무:
46배판

다음의 제작사양을 가지고 제작원가표를 작성해 보겠다.
판형은 46배판이며 무선제책, CD가 부착되는 것이 핵심이다.

제작사양서

1. 판형 : 46배판(188mm×257mm)

2. 표지 : 250A, 4도, 표지 날개 有, 무광 후 에폭시

3. 본문 : 100g 백상지, 2도, 208P

4. 제작부수 : 2,000부

5. 제책 방법 : 무선, CD 有(부직포 포함)

먼저 표지와 본문의 용지 계산과 면지의 용지 계산을 해보겠다.
판형이 46배판이고 표지 날개가 있으니 표지는 국전지에 3벌(종이결 종목)이고 본문은 46전지 2절(종이결 종목)에 작업을 하면 된다고 생각을 하고 용지 계산을 하자.

- ■ 표지: (2,000÷3)+150=1연 315매=1연 350매=1.7연(정미는 1.4연이고 여분 0.3연)
- ■ 본문: (208÷32)×2,000=26연(정미)

    (208÷32)×150=1.95연=2연(여분)

    이상과 같이 해서 **정미 26연과 여분 2연을 합하면 총 28연이** 된다.

> ■ 면지: (8÷32)×2,000=1연(정미)이고 여분 50매를 주면 1.1연(정미 1연이고 여분 0.1연)이 된다.

지금부터는 [제작원가표 작성하기 실무 1] 작업 화면을 보면서 다음의 설명을 보자.

내지(본문)에서 내지 디자인 비용 500,000원(생략 가능)을 입력하고 교정, 교열비 4,000원 입력한다. 편집 단가에서는 2도 본문 편집 비용인 8,000원을 입력한다. 그리고 46전지 100g 백상지의 용지 비용인 53,771원을 입력한다. 인쇄비는 46전지 2,000부의 단가인 4,900원을 입력하고 46전지 2절의 CTP 판비용인 8,000원을 각각 입력한다.

본문의 페이지가 208쪽이므로 교정비와 편집비에 208을 입력한 후 본문 용지가 총 28연이 필요하므로 지대의 수량에 28을 입력한다. 인쇄비는 정미만 청구하므로 인쇄 부분에 정미인 26을 입력한다.

CTP 판수를 구하기 위하여 (페이지÷8)=(208÷8)=26이 된다. 26을 소부의 수량에 입력한다. 여기서 8로 나누는 이유는 46전지 2절의 전면이 8페이지가 나오기 때문이다. 즉 전면 8페이지이고 후면 8페이지가 나와서 총 16페이지가 된다. CTP 작업 비용은 판수 단위로 청구되므로 전면 8페이지에 해당하는 8로 나누어 주는 것이다. 참고로 앞판이

1A 판이면 뒤판은 1B 판이 되고 1A 판과 1B 판을 1대라고 부른다. 그다음은 2A/2B -〉 2대, 3A/3B -〉 3대 등등……

도수 항목을 보면 인쇄는 2도(앞면 2도/뒷면 2도)이므로 앞면과 뒷면의 도수를 합산한 4를 인쇄의 도수 항목에 넣는다. CTP 판수에는 2를 항목에 입력한다(즉 2도인 경우 1A 판을 먹판과 색판으로 2판을 뽑는다는 것을 의미한다).

표지에서 표지 디자인 비용 1,000,000원을 입력한다. 그리고 지대인 250A 국전지의 단가인 103,954원을 입력하고 국전지의 표지 인쇄 단가인 10,000원을 입력한다. 그런 다음 국전지의 CTP 단가인 9,000원을 입력한다. 그리고 국전지의 에폭시 단가인 150,000원과 국전지 무광 라미네이팅 단가인 60,000원을 입력한다. 마지막으로 선택한 면지의 단가를 입력한다.

표지 용지가 총 1.7연이 필요하므로 지대의 수량에 1.7을 입력한다. 인쇄비는 정미만 청구하므로 1.4를 인쇄의 수량에 입력한다. CTP 판수는 1을 입력한다(46배판 표지가 표지에 날개가 있는 경우에는 국전지에 3벌로 작업이 된다). 라미네이팅은 표지 정미만 청구하므로 정미인 1.4를 수량에 입력하고 에폭시는 1.4를 입력한다. 참고로 라미네이팅이나 에폭시의 정미가 0.7연이라고 하면 1연의 비용을 청구된다(1연 미만은 1연 청구). 그런 다음 면지 1.1연을 수량에 입력한다.

도수 항목에서 인쇄는 4도(앞면 4도/뒷면 0도)이므로 앞면과 뒷면의 도수를 합산한 4를 인쇄의 도수 항목에 넣는다. CTP 판수 역시 전면 4도이고 후면 0도라면 4를 입력하면 된다.

부록 부분에서 CD의 제작 수량인 2,000을 입력하고 단가 220원을 입력한다. 부직포가 있으므로 부직포의 수량에 2,000을 입력하고 단가에는 120원을 입력한다.
부직포 단가인 120원에는 CD를 부직포 넣는 비용 20원이 포함되어 있다. 즉 CD를 부직포에 넣고 고주파 작업을 하는데 CD를 부직포에 넣는 비용이 20원이고 부직포와 CD를 넣은 다음 고주파 처리를 하는 비용이 100원이 되는 것이다.

제책 비용으로 가서 제책 단가를 구해 보자.
46배판의 페이지당 단가는 1.3원이다.
[(208+24)×1.3]=301.6원이 권당 제책 비용이 된다.
표지 날개가 있으므로 50원을 입력하고 CD를 면지에 부착하는 수작업 비용 100원을 입력한다.

손익 부분에서 수량에 2,000부 제작이므로 2,000을 입력하고 인세가 8%이므로 책정가 15,000원에 8%를 곱해서 구한 1,200원을 입력한다.
즉 [(15,000원×8%)×2,000부]=2,400,000원이 된다.

제작원가표

제 목	46배판(본문2도)_무선			인세	8%	<신간>	
				예상판매부수		기획자	홍길동
규 격	188mm*257mm	내 지	46전지	항목	내지(본문)	표지	
페이지	208	지 질	100g백상지	편집단가	8,000	1,000,000	
발행부수	2,000	본문도수	4도	지대단가	53,771	103,954	
부록 1	없음	부록 2	없음	인쇄단가	4,900	10,000	
책가격(원)	15,000	할인(60%)	9,000	CTP단가	8,000	9,000	

분류	내역	수량	단위	도수	단가(원)	금액	담당자	비고
내지 (본문)	내지디자인		P			500,000	생략 가능	
	교정비	208	P		4,000	832,000		
	편집비	208	P		8,000	1,664,000		
	지 대	28	R		53,771	1,505,588		
	인 쇄	26	R	4	4,900	509,600		2도/2도
	CTP	26	판	2	8,000	416,000		
	소 계					5,427,188		
표지	표지디자인					1,000,000		
	지 대	1.7	R		103,954	176,722		
	인 쇄	1.4	R	4	10,000	56,000		4도/0도
	CTP	1	판	4	9,000	36,000		
	에폭시	1.4	R		150,000	210,000		
	라미네이팅	1.4	R		60,000	84,000	무광	
	면 지	1.1			204,190	224,609	밍크지	120g
	소 계					1,787,331		
부록	CD	2,000	개		220	440,000		
	부직포	2,000	장		120	240,000		
	소계					680,000		
제책 (무선)	제책비	2,000	부	1	301.6	603,200		
	날 개	2,000	부	有	50	100,000		
	수작업비	2,000	부		100	200,000		
	소 계					903,200		
손 익	인세(8%)	2,000			1,200	2,400,000		
	운반비(100원)	2,000				-		
	소 계					2,400,000		
	합 계					11,197,719	참고사항	
	부가세					1,119,772		
	총합계					12,317,491		
	권당단가					6,159		

[제작원가표 작성하기 실무 1] 작업 화면

02

제작원가표 작성하기 실무: 신국판

다음의 제작사양을 가지고 제작원가표를 작성해 보겠다.

판형은 신국판이며 양장제책, 커버가 있는 것이 핵심이다.

제작사양서

---

1. 판형: 신국판(152mm×225mm)

2. 표지(커버) : 180A, 4도, 표지 날개 有, 무광

3. 합지바리: 120A, 4도, 유광

4. 본문: 100g 백상지, 4도, 256P

5. 제작부수: 3,000부

6. 제책 방법: 환양장, 커버 작업 있음.

먼저 표지와 본문의 용지 계산과 면지의 용지 계산을 해보겠다.

판형이 신국판이고 표지(커버) 날개가 있으니 표지는 46전지 2절에 3벌(종이결 횡목)이고 합지바리는 46전지 2절에 4벌(종이결 종목)이다.

본문은 국전지(종이결 종목)에 작업을 하면 된다고 생각을 하고 용지 계산을 하자.

■ 표지(커버): (3,000÷6)+100=1연 100매=1.2연(정미는 1연이고 여분 0.2연)

> - 합지바리: (3,000÷8)+100=1연=1연(정미는 0.8연이고 여분 0.2연)
> - 본문: (256÷32)×3,000=48연(정미)
>
>   (256÷32)×250=4연(여분)
>
>   이상과 같이 해서 정미 48연과 여분 4연을 합하면 총 52연이 된다.
> - 면지: (3,000×2)=6,000
>
>   (6,000÷10)=600
>
>   (600÷500)=1연 100매(정미)+50매(여분)=1.3연이 된다.
>
>   면지는 10절로 이상과 같이 계산을 하면 된다.

지금부터는 [제작원가표 작성하기 실무 2] 작업 화면을 보면서 다음의 설명을 보자.

내지(본문)에서 내지 디자인 비용 500,000원(생략 가능)을 입력하고 교정, 교열비 4,000원 입력한다. 편집 단가에서는 본문이 4도이므로 4도 단가인 12,000원을 입력한다. 그리고 국전지 100g 백상지의 용지 비용인 39,678원을 입력한다. 인쇄비는 신국판 3,000부 단가인 4,200원을 입력하고 국전지의 CTP 판비용인 9,000원을 입력한다.

본문의 페이지가 256쪽이므로 교정비와 편집비에 256을 입력한 후 본문 용지가 총 52연이 필요하므로 지대의 수량에 52를 입력한다. 인쇄비는 정미만 청구하므로 인쇄 부분에 정미인 48을 입력한다.

CTP 판수를 구하기 위하여 (페이지÷16)=(256÷16)=16이 된다. 16을 소부의 수량에 입력한다. 여기서 16으로 나누는 이유는 국전지 전면이 16페이지가 나오기 때문이다. 즉 전면이 16페이지이고 후면이 16페이지가 나와서 총 32페이지가 된다. CTP 작업 비용은 판수 단위로 청구되므로 전면 16페이지에 해당하는 16으로 나누어 주는 것이다.

도수 항목을 보면 인쇄는 8도(앞면 4도/뒷면 4도)이므로 앞면과 뒷면의 도수를 합산한 8을 인쇄의 도수 항목에 넣는다. CTP 판수에는 4를 항목에 입력한다(즉 4도인 경우 CMYK 판으로 총 4판을 뽑는다는 것을 의미한다).

표지에서 표지 디자인 비용 1,000,000원을 입력한다. 그리고 지대인 180A 46전지의 단가인 103,136원을 입력하고 표지 인쇄 단가인 10,000원을 입력한다. 그런 다음 46전지 2절의 CTP 단가인 8,000원을 입력한다(본문이 4도이므로 46전지 2절로 출력하는 것을 추천한다). 그리고 무광 라미네이팅 단가인 70,000원을 입력한다. 마지막으로 선택한 면지의 단가를 입력한다.

표지 용지가 총 1.2연이 필요하므로 지대의 수량에 1.2를 입력한다. 인쇄비는 정미만 청구하므로 1을 인쇄의 수량에 입력한다. CTP 판수는 1을 입력한다(신국판 표지가 표지에 날개가 있는 경우에는 46전지 2절에 3벌로 작업이 된다). 라미네이팅도 표지 정미만 청구하므로 정미인 1을 수량에 입력하면 된다. 그런 다음 면지 1.3연을 수량에 입력한다.

도수 항목에서 인쇄는 4도(앞면 4도/뒷면 0도)이므로 앞면과 뒷면의 도수를 합산한 4를 인쇄의 도수 항목에 넣는다. CTP 판수 역시 전면 4도이고 후면 0도라면 4를 입력하면 된다.

합지바리에서 지대, 인쇄비, CTP 판, 라미네이팅 비용을 입력한다. 합지바리 용지가 총 1연이 필요하므로 지대의 수량에 1을 입력한다. 인쇄비는 정미만 청구하므로 0.8을 청구 받아야 하는데 1연 미만인 경우 1연이 청구된다. 그러므로 인쇄의 수량에 1을 입력한다.
표지가 46전지 2절에 4벌로 1판에 작업이 되었으므로 CTP 판수 1을 입력하면 된다. 그리고 라미네이팅 비용은 1연 미만이므로 1연을 청구 받게 되므로 1을 수량에 입력하면 된다.

합지바리 역시 도수 항목에서 인쇄는 4도(앞면 4도/뒷면 0도)이므로 앞면과 뒷면의 도수를 합산한 4를 인쇄의 도수 항목에 넣는다. CTP 판수 역시 전면 4도이고 후면 0도라면 4를 입력하면 된다.

제책 비용으로 가서 제책 단가를 구해 보자.
신국판 양장제책의 경우 페이지당 단가는 1.5원이다. 그리고 부대 공임이 450원, 합지 비용이 270원, 합지바리 비용이 200원, 표지(커버) 작업비용 70원, 포장비 20원을 합산하면 된다.
[{(256+16)×1.5}+450+270+200+70+20]=1,418원이 권당 제책 비용이 된다.

손익 부분에서 수량에 3,000부 제작이므로 3,000을 입력하고 인세가 7%이므로 책정가 16,000원에 7%를 곱해서 구한 1,120원을 입력한다. 즉 [(16,000원×7%)×3,000부]=3,360,000원이 된다.

제작원가표

제 목	신국판(본문4도)_양장				인세	7%	<신간>	
					예상판매부수		기획자	홍길동
규 격	152mm*225mm	내	지	국전지	항목	내지(본문)	표지	
페이지	256	지	질	100g백상지	편집단가	12,000	1,000,000	
발행부수	3,000	본문도수		4도	지대단가	39,678	103,136	
부록 1	없음	부록 2		없음	인쇄단가	4,200	10,000	
책가격(원)	16,000	할인(60%)		9,600	CTP단가	9,000	8,000	
분류	내역	수량	단위	도수	단가(원)	금액	담당자	비고
내지 (본문)	내지디자인	-	P		-	500,000	생략 가능	
	교정비	256	P		4,000	1,024,000		
	편집비	256	P		12,000	3,072,000		
	지 대	52	R		39,678	2,063,256		
	인 쇄	48	R	8	4,200	1,612,800		4도/4도
	CTP	16	판	4	9,000	576,000		
	소 계					8,848,056		
표지	표지디자인					1,000,000		
	지 대	1.2	R		103,136	123,763	180A	
	인 쇄	1	R	4	10,000	40,000		4도/0도
	CTP	1	판	4	8,000	32,000		
	라미네이팅	1	R		70,000	70,000	무광	
	면 지	1.3	R		193,805	251,947	120g	
	소 계					1,517,710		
합지 바리	지 대	1	R		68,754	68,754	120A	
	인 쇄	1	R	4	10,000	40,000		4도/0도
	CTP	1	판	4	8,000	32,000		
	라미네이팅	1	R		65,000	65,000	유광	
	소 계					205,754		
제책 (양장)	제책비	3,000	부	1	1,418	4,254,000		
	날개	3,000	부	有	-	-		
	소 계					4,254,000		
손 익	인세(7%)	3,000			1,120	3,360,000		
	운반비(100원)	3,000				-		
	소 계					3,360,000		
	합 계					14,825,520	참고사항	
	부 가 세					1,482,552		
	총 합 계					16,308,072		
	권당단가					5,436		

[제작원가표 작성하기 실무 2] 작업 화면

03

제작원가표 작성하기 실무:
국배판

다음의 제작사양을 가지고 제작원가표를 작성해 보겠다.

판형은 신국판이며 양장제책, 커버가 있는 것이 핵심이다.

제작사양서

1. 판형 : 국배판(210mm×297mm)

2. 표지 : 200A, 4도, 표지 날개 無, 무광

3. 본문 : 80g 백상지, 1도, 80P

4. 제작부수 : 3,000부

5. 제책 방법 : 중철

먼저 표지와 본문의 용지 계산과 면지의 용지 계산을 해보겠다.

판형이 국배판이고 표지 날개가 없으니 표지는 국전지에 4벌(종이결 횡목)이고 본문은 국전지(종이결 횡목)에 작업을 하면 된다고 생각을 하고 용지 계산을 하자.

- ■ 표지: (3,000÷4)+150=1연 400매=1.8연(정미는 1.5연이고 여분 0.3연)
- ■ 본문 : (80÷16)×3,000=30연(정미)

    (80÷16)×100=1연(여분)

    이상과 같이 해서 **정미 30연과 여분 1연**을 합하면 총 31연이 된다.

중철제책 시에는 면지가 들어가지 않는다. 참고로 국배판일 때의 면지 절수를 구하는 방법만 알아두자. 면지는 5절로 다음과 같이 계산을 하면 된다.

> ■ 면지: (3,000×2)=6,000
>
> (6,000÷5)=1,200
>
> (1,200÷500)=2연 200매(정미)+50매(여분)=2.5연이 된다.

지금부터는 [제작원가표 작성하기 실무 3]] 작업 화면을 보면서 다음의 설명을 보자.

내지(본문)에서 내지 디자인 비용 500,000원(생략 가능)을 입력하고 교정, 교열비 4,000원 입력한다. 편집 단가에서는 본문이 1도이므로 1도 단가인 5,000원을 입력한다. 그리고 국전지 80g 백상지의 용지 비용 32,037원을 입력한다. 인쇄비는 국배판 3,000부 단가인 4,200원을 입력하고 국전지의 CTP 판비용인 9,000원을 입력한다.

본문의 페이지가 80쪽이므로 교정비와 편집비에 80을 입력한 후 본문 용지가 총 31연이 필요하므로 지대의 수량에 31을 입력한다. 인쇄비는 정미만 청구하므로 인쇄 부분에 정미인 30을 입력한다.

CTP 판수를 구하기 위하여 (페이지÷8)=(80÷8)=10이 된다. 10을 소부의 수량에 입력한다. 여기서 8로 나누는 이유는 국전지 전면이 8페이지가 나오기 때문이다. 즉 전면이 8페이지이고 후면이 8페이지가 나와서 총 16페이지가 된다. CTP 작업 비용은 판수 단위로 청구되므로 전면 8페이지에 해당하는 8로 나누어 주는 것이다.

도수 항목을 보면 인쇄는 2도(앞면 1도/뒷면 1도)이므로 앞면과 뒷면의 도수를 합산한 2를 인쇄의 도수 항목에 넣는다. CTP 판수에는 1을 항목에 입력한다(즉 1도인 경우 판은 먹판만 출력하므로 1판이 된다).

표지에서 표지 디자인 비용 1,000,000원을 입력한다. 그리고 지대인 200A 국전지의 단가인 83,160원을 입력하고 표지 인쇄 단가인 10,000원을 입력한다. 그런 다음 국전지의 CTP 단가인 9,000원을 입력한다. 그리고 무광 라미네이팅 단가인 50,000원을 입력한다. 마지막으로 선택한 면지의 단가를 입력한다.

표지 용지가 총 1.8연이 필요하므로 지대의 수량에 1.8을 입력한다. 인쇄비는 정미만 청구하므로 1.5를 인쇄의 수량에 입력한다. CTP 판수는 1을 입력한다(국배판 표지가 표지에 날개가 없는 경우에는 국전지에 4벌로 작업이 된다). 라미네이팅도 표지 정미만 청구하므로 정미인 1.5를 수량에 입력하면 된다.

도수 항목에서 인쇄는 4도(앞면 4도/뒷면 0도)이므로 앞면과 뒷면의 도수를 합산한 4를 인쇄의 도수 항목에 넣는다. CTP 판수 역시 전면 4도이고 후면 0도라면 4를 입력하면 된다.

제책 비용으로 가서 제책 단가를 구해 보자.
중철제책의 경우 국배판의 페이지당 단가는 15원이다. 본문의 대수를 구한 다음 표지를 1대로 계산하여 본문 대수와 표지 대수를 더한다. 보통 표지 대수는 1이므로 본문 대수에 1을 더하면 된다.
(80÷16)=5대 인데 여기에 표지 1대를 합하면 6대가 된다.
대당 15원이므로 (6대×15원)=90원이 권당 제책 비용이 된다.

손익 부분에서 수량에 3,000부 제작이므로 3,000을 입력하고 인세가 7%이므로 책정가 5,000원에 7%를 곱해서 구한 350원을 입력한다.
즉 [(5,000원×7%)×3,000부]=1,050,000원이 된다.

제작원가표

제 목		국배판(본문1도)_중철				인세	7%	<신간>	
						예상판매부수		기획자	홍길동
규 격		210mm*297mm		내 지	국전지	항목	내지(본문)	표지	
페이지		80		지 질	80g백상지	편집단가	5,000	1,000,000	
발행부수		3,000		본문도수	1도	지대단가	32,037	83,160	
부록 1		없음		부록 2	없음	인쇄단가	4,200	10,000	
책가격(원)		5,000		할인(60%)	3,000	CTP단가	9,000	9,000	
분류	내역	수량	단위	도수	단가(원)	금액	담당자	비고	
내지 (본문)	내지디자인		P			500,000	생략 가능		
	교정비	80	P		4,000	320,000			
	편집비	80	P		5,000	400,000			
	지 대	31	R		32,037	993,147			
	인 쇄	30	R	2	4,200	252,000		1도/1도	
	CTP	10	판	1	9,000	90,000			
	소 계					2,555,147			
표지	디자인비					1,000,000			
	지 대	1.8	R		83,160	149,688	200A		
	인 쇄	1.5	R	4	10,000	60,000		4도/0도	
	CTP	1	판	4	9,000	36,000			
	라미네이팅	1.5	R		50,000	75,000	무광		
	면 지		R		-	-	면지 없음		
	소 계					1,320,688			
제책 (중철)	제책비	3,000	부	1	90	270,000			
	날 개				-	-	날개 없음		
	소 계					270,000			
손 익	인세(7%)	3,000			350	1,050,000			
	파손/반품(2%)	3,000				-			
	운반비(100원)	3,000				-			
	소 계					1,050,000			
	합 계					5,195,835	참고사항		
	부 가 세					519,584			
	총 합 계					5,715,419			
	권당단가					1,905			

[제작원가표 작성하기 실무 3] 작업 화면

책등으로 보는 책들 (책장 이미지):

- 03 북줄 아트북시리즈 — 창의적인 드로잉을 위한 **개성있어 재미있는 그리기** · 정수일 지음
- 05 북줄 아트북시리즈 — 권인수의 **다빈치 드로잉** — 피카소처럼 생각하고 다빈치처럼 드로잉하라
- A to Z — **전원주택 짓기 가이드북** — 박지혜 지음
- 01 북줄 활용 시리즈 — 출판사 창업에서 출판 기획·편집 제작·마케팅까지 **1인 출판사 창업 실무노트** — 이시우·김재형·배경희·안종군·정현민 지음
- 02 북줄 활용 시리즈 — 출판 에이전트의 기획 노하우 엿보기 **끝도 해답도 기획노트** — 김준호 지음
- 03 북줄 활용 시리즈 — 출판 편집 전문가를 위한 교정·교열·윤문 실무서 **1인 출판사 편집 백서** — 안종군 지음
- 04 북줄 활용 시리즈 — 출판사 창업이야기 세무신고 출판사 경영 노하우 **1인 출판사 경영 바이블** — 이시우 지음
- 0_ 북줄 활용 시리즈 — 디자이너를 위한 **컬러커뮤니케이션** — 김미형 지음

투데이북스 TodayBooks

출판사에서 정책적으로 타깃 시장에 진입을 하기 위해서 기존에 나온 도서의 가격에 비슷하게 맞추는 일도 있다. 그렇지 않은 경우에는 제작 담당자가 책을 만들기 위하여 투입된 모든 비용을 찾아내어 정확한 제작원가표를 만들어 주어야 한다.

8

도서의 정가 및 손익분기점
분석하기

01

도서의 정가 책정

출판사에서 주로 하는 고민 중 하나가 도서의 적당한 가격(정가)를 책정하는 일이다. 도서의 정가를 책정하기 위해서는 만들려고 하는 도서의 정확한 제작비를 먼저 산출해야 한다.

간혹, 서점에 나가 보면 이 가격으로 어떻게 만들었을까? 라는 생각을 하게 되는 책들을 보게 된다. 그런데 그 출판사가 최근 부도라는 소식을 듣고 내심 놀라움과 함께 정가의 중요성을 다시 한 번 더 알게 만들었다.

출판사에서 마케팅의 방법으로 목표 시장에 진입을 하기 위해서 기존에 나온 도서의 가격에 비슷하게 맞추는 일도 있다. 그렇지 않은 경우에는 제작 담당자가 책을 만들기 위하여 투입된 모든 비용을 찾아내어 정확한 제작원가표를 만들어 주어야 한다.

신간의 경우 제작원가표의 권당 단가에서 3배 또는 4배를 하면 적정한 정가가 된다. 그 이유는 정가 10,000원인 책이 출고될 때에는 6,000원~6,500원(할인율 60%~65%)으로 나가며 물류 비용, 반품 비용, 직원들 인건비, 사무실 유지비, 부대 비용, 금융 비용 등이 복합적으로 들기 때문이다.

예를 들어 권당 제작 단가가 3,500원인 도서의 경우라면 10,500원(권당 단가의 3배)~14,000원(권당 단가의 4배) 사이에서 정가를 정하면 된다. 그 중간 가격인 12,000원대가 적당한 도서의 정가라고 할 수 있겠다. 그렇다고 이 공식을 모든 책에 적용할 수는 없다. 초기 투자가 많은 어린이 책의 경우 일러스트 비용, 전문 디자인 비용, 윤문 비용, 감수 비용 등이 많이 발생했는데 이상의 공식을 적용한다면 맞지는 않을 것이다.

이러한 방법은 단행본이나 보통의 제작 비용이 소요되는 책에 적용을 하면 좋을 것 같다.

내용의 핵심은 어느 정도의 마진이 합리적으로 적용이 된 도서의 정가가 되어야 '앞에서 남고 뒤에서 밑지는' 일이 발생하지 않는다는 것이다.

권당 단가가 생각보다 잘 나오지 않은 경우라고 한다면 2,000부 제작 시와 3,000부 제작 시의 두 가지 제작 단가를 산출하여 비교할 필요가 있다.

필자의 아주 단편적인 경험으로 본문이 올 컬러인 책의 경우 초판 1,000부로는 초기 투자 대비 정가가 잘 안 나온다. 최소 2,000부는 제작을 해야 원하는 정가가 나올 것이다. 그렇다고 1,000부 제작할 것을 2,000부 제작할 수는 없는 것이다. 이때에는 제작 비용을 좀 더 낮게 맞추어 보자. 작가의 인세를 조절하고 책에 들어가는 삽화, 윤문비, 교정/교열비, 감수비 등을 줄여서 책정하는 것이다.

02

도서의 손익분기점 분석

필자의 경우 신간의 제작에 앞서 제작하려고 하는 도서의 정확한 제작 원가표를 만든다. 그런 다음 어느 정도 이 책을 판매를 해야 손익분기점이 나오는지를 계산한다.

신간을 판매해서 적자가 난다면 그 책은 만들 필요가 없지 않은가? 최소한 본인이 정한 적정 이윤에는 도달을 하는 책을 기획하고 진행을 해야 하는 것은 기본적인 사고인 것 같다.

출판이 문화 사업이라고는 하지만 신간에서 이윤을 추구하지 못한다면 그 다음 신간을 또 만들 수는 없지 않는가?

쉽지는 않지만 필자의 작은 소신은 초판에서 이익을 내도록 모든 것을 기획하고 실천하자는 것이다.
다음의 항목들인 제작부수, 할인율(%), 매출액, 제작비(저자 인세 포함), 부대 비용(5%), 순이익, 이익률(%)을 가지고 도서의 손익분기점에 대하여 알아보겠다.

도서의 손익분기점 분석

분류	NO	도서명	정가 (원)	제작부수	할인율 (%)
단행본	1	오늘을 살아가게 하는 힘	12,500	2,000	60
	2	행복 바이러스	13,000	2,000	60
	3	위대한 명언의 재발견	12,500	2,000	60
	4	사람들의 소박한 이야기	15,000	2,000	60
학습 만화 시리즈	5	만화 사자성어 1	13,000	2,000	60
	6	만화 잡학 사전	13,000	3,000	60
	7	만화로 배우는 논어	14,000	2,000	60
				15,000	

매출액 (원)	제작비 및 인세(원)	부대 비용 (원)	순이익 (원)	이익률 (%)
15,000,000	8,415,773	420,789	6,163,438	41
15,600,000	10,331,821	516,591	4,751,588	30
15,000,000	11,324,090	566,205	3,109,706	21
18,000,000	12,593,500	629,675	4,776,825	27
15,600,000	10,467,417	523,371	4,609,212	30
23,400,000	12,347,000	617,350	10,435,650	45
16,800,000	10,467,417	523,371	5,809,212	35
119,400,000	75,947,018	3,797,351	39,655,631	

도서의 손익분기점 분석에서 매출액은 도서의 정가에 할인율을 곱한 후 제작부수를 곱하면 나온다.

[매출액=(정가×할인율)×제작부수]

이상과 같이 하면 된다.

부대 비용은 제작비 및 인세의 5% 선으로 잡았다.

[부대 비용=제작비 및 인세×5%]

이상과 같이 하면 된다.

순이익은 매출액에서 제작비 및 인세와 부대 비용을 빼면 된다.

[순이익=매출액-(제작비 및 인세+부대 비용)]

이상과 같이 하면 된다.

이익률은 순이익을 매출액으로 나눈 다음 100을 곱하면 된다.

$$[이익률=(순이익÷매출액)×100]$$

이상과 같이 하면 된다.

이러한 방법은 가장 간단하게 순이익과 이익률을 구하는 방법이라고 할 수 있다. 필자가 설명하는 이 방법에 각종 항목들을 추가시켜서 좀 더 상세하게 순이익과 이익률을 구할 수도 있다.

상세 항목에는 마케팅 비용, 광고 비용, 접대비, 복리후생비 등을 추가하여 좀 더 상세하게 만들어도 된다. 여기서는 가장 기본이 되는 사항들만을 가지고 도서의 순이익과 이익률을 구했음을 밝혀 둔다.

이상의 내용을 다시 한 번 더 정리하면 다음과 같다.

- 매출액=(정가×할인율)×제작부수
- 부대 비용=제작비 및 인세×5%
- 순이익=매출액-(제작비 및 인세+부대 비용)
- 이익률=(순이익÷매출액)×100

[도서의 손익분기점 분석]을 보면서 다음의 내용을 보자.
1번 책과 3번 책을 비교해 보자. 두 책은 도서의 정가, 제작부수, 할인율, 매출액이 동일하다. 하지만 이익률에 있어서 1번 책은 41%이고 3번 책은 21%이다. 무려 20%의 차이가 난다.

NO	도서명	정가(원)	제작부수	할인율(%)	매출액(원)	제작비 및 인세(원)	부대 비용(원)	순이익(원)	이익률(%)
1	오늘을 살아가게 하는 힘	12,500	2,000	60	15,000,000	8,415,773	420,789	6,163,438	41
3	위대한 명언의 재발견	12,500	2,000	60	15,000,000	11,324,090	566,205	3,109,706	21

그 이유는 간단하다.
3번 책의 제작비 및 인세, 부대 비용이 너무 많기 때문이다. 이러한 책은 정확한 제작비를 산출하여 줄일 수 있는 부분을 줄여야 한다. 초판에서 수익을 얻을 수 없다면 재판에서 수익을 내면 된다는 생각은 위험한 생각이다.
보통 출판사에서 5개월간 신간 10종을 출간한다면 그중 재판은 과연 몇 권이나 1년 안에 재판을 제작할까? 필자의 경험으로는 30%를 넘기기가 쉽지 않다고 생각한다. 즉 10권 중 2권~3권 정도가 1년 안에 재판을 찍을 수 있다는 것이다. 그러므로 신간에서 어느 정도 이익률을 내지 않으면 안 된다.

3번 책의 제작비 및 인세, 부대 비용을 줄이려고 한다면 저자의 인세 조정이 가장 먼저 필요하다. 초판을 8%로 계약을 했다면 저자와 협의 하에 7%로 인하하고 대신 재판부터는 8%로 하는 것도 좋은 방법이다.

신간 도서(1쇄)가 2쇄인 재판만 제작한다면 초기 비용 중 가장 많은 부분을 차지하는 편집비와 디자인 비용, 필름 출력 비용이 들어가지 않으므로 재판의 제작비를 많이 낮출 수 있다.

다음으로 5번 책과 6번 책을 비교해 보겠다.
이 두 책은 정가, 할인율이 동일하다. 제작부수가 5번은 2,000부이고 6번은 3,000부인데 동일하게 2,000부로 제작을 한다면 동일한 제작비와 부대 비용이 발생할 것이다.

NO	도서명	정가(원)	제작부수	할인율(%)	매출액(원)	제작비 및 인세(원)	부대 비용(원)	순이익(원)	이익률(%)
5	만화 사자성어 1	13,000	2,000	60	15,600,000	10,467,417	523,371	4,609,212	30
6	만화 잡학 사전	13,000	3,000	60	23,400,000	12,347,000	617,350	10,435,650	45

이런 종류의 책은 보통 본문이 4도(컬러)인 관계로 2,000부를 제작했다면 이익률이 30%이고 3,000부를 제작한다면 45%로 15% 정도 더 이익률이 높다. 하지만 이익률을 올리자고 2,000부 제작할 것을 3,000부 제작하여 책이 소진될 때까지의 도서 보관비를 더 낼 수는 없다.

두 가지 방법이 있다.
첫 번째는 정확한 시장 조사를 거쳐 이 책의 판매 예상 사이클을 예상하는 것이다. 보통 3개월 안에 2,000부를 소진할 수도 있다면 3,000부 제작을 검토할 필요가 있다. 반대로 6개월 이상 지나야 2,000부 소진된다면 일단 2,000부를 제작하고 6개월 후 재판(초판 2쇄)을 제작하는 것이 옳은 방법이다.

두 번째로는 제작비를 낮추는 방법인데 4도(컬러)의 경우 필름 출력 대신 CTP를 도입해서 필름 출력 없이 CTP를 이용하여 데이터를 바로 인쇄판으로 제작을 한 후 인쇄를 진행한다면 필름 제작 비용이 절감이 될 것이다.

> **TIP**
>
> POD 출판이란 무엇인가?
>
> 출판하려는 신간의 경우 최소 1,000부 정도는 제작을 해야 된다. 그렇게 해야 800부~1,000부에서 손익분기점이 될 것이다(작가 인세, 디자인 수준 등의 여러 가지 변수가 있지만 모두 평균으로 잡았을 때를 기준으로 했을 경우). 하지만 1,000부를 제작하기 힘든 상황이 있을 수 있다.
>
> 이때 POD 시스템을 이용해 최소 300부 정도 제작해서 판매를 시작해보고 판매가 잘 될 경우 추가 제작을 해 볼 수도 있다. 필자의 개인적인 생각으로 POD 시스템의 경우 최소 300부~400부 정도의 제작을 추천한다. 500부 이상인 경우에는 옵셋 인쇄 비용과 별로 차이가 안 난다.
>
> 그럼 POD란 무엇인가?
>
> POD(Publishing On Demand)는 기존의 인쇄 방식인 옵셋 인쇄나 마스터 인쇄에서 극복하기에 한계가 있는 소량의 다품종 출판 및 인쇄물을 디지털 장비를 통하여 언제라도 필요한 물량을 즉시 인쇄하여 처리할 수 있는 주문

형 인쇄 시스템을 말한다. POD 제작업체에 데이터만 보내면 1부라도 제작이 가능하다. 이러한 POD 출판은 개인의 시집이나 산문집, 육아일기, 여행문 등과 기업의 제안서, 교육 매뉴얼, 사원 교육 교재 등에 다양하게 이용되고 있다. 최근 제작 비용이 전보다 많이 내려가 출판사에서 소량 제작에도 많이 사용되고 있다.

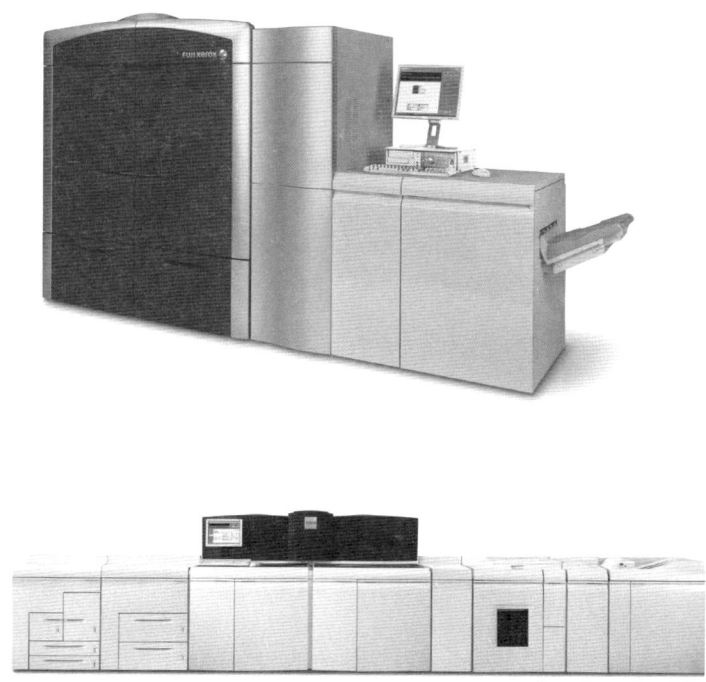

POD 장비 화면

01

출판제작 총론

책 제작의 전체적인 흐름도 즉 출판할 도서의 기획에서 편집, 교정/교열, 출력, 인쇄, 제책, 라미네이팅 등을 거쳐 책이 만들어지는 과정을 출판제작 총론에서 알아보려고 한다.

출판사에서의 제작자의 역할

보통 출판사에 근무한다고 하면 그 부서 구분이 온(오프)라인 서점 및 학원(학교) 영업 등을 하는 영업부, 책을 편집하는 편집부 정도는 누구

나 떠올릴 수 있는 부서들이다. 이 외에도 자금 관리 및 경리업무를 하는 경영지원부 또는 경리부, 신간도서의 기획을 하는 기획부, 표지 디자인 및 본문 레이아웃을 잡는 디자인부(미술부라고도 한다), 책을 제작하는 제작부가 있다. 하지만, 소규모 출판사에서는 제작만 전문적으로 하는 부서는 없는 곳이 많을 것이다. 편집부 또는 디자인부에서 제작을 겸해서 보는 것이 일반적이다.

필자가 예상하는 출판 제작자는 500명도 안 된다고 본다. 그만큼 출판사들의 규모가 크지 않아서인지 한 사람이 여러 가지 일들을 하다 보니 전문적으로 제작을 하는 제작자가 많이 없다고 보인다.

그럼 제작자는 출판사에서 어떠한 일들을 하는지 알아보겠다.
제작자는 편집부에서 넘어오는 신간이나 물류센터에서 넘어오는 재판의 제작 진행을 한다.
먼저 신간의 경우 편집부에서는 [신간제작사양서]를 넘겨준다. 본문의 종이 종류 및 표지의 종이, 후가공 여부 등을 제작 담당자에게 전달한다.
이때 경험이 많은 제작자는 먼저 책의 판형을 검토하고 그 판형이 맞는지를 확인하고 그런 다음 본문의 전체 페이지를 확인한다. 간혹 만들 수 없는 판형을 제시하는 편집자와 만들 수 없지는 않더라도 종이의 손실이 너무 많은 판형을 제시하는 경우가 있다.

책의 제작비(저자 인세, 편집/디자인비를 제외한 순수 제작비에서) 중 종이가 차지하는 비율은 전체 제작비의 30%~40% 이상을 차지하므로 잘못된 판형의 선택은 전체 제작비를 상승시키는 원인이 된다.

이때 제작자는 무조건 안 된다고 할 것이 아니라 그 판형으로 인쇄 할 수 있는 변규격 사이즈를 확보하여 종이의 제작 비용을 줄일 수도 있다. 만약 제작할 판형이 46배판(188mm×257mm)과 신국판(152mm×225mm)의 중간 정도인 크라운 변형판(176mm×248mm)이라고 한다면 대국전지(720mm× 1,020mm)를 확보하여 종이 비용도 줄이고 46전지 2절로 인쇄하지 않고 대국전지로 인쇄를 하여 인쇄비도 10%~20% 정도로 줄일 수 있다.

46전지 2절에 16P(앞 8P, 뒤 8P)로 인쇄하는 것보다 대국전지에 32P(앞 16P, 뒤 16P)로 인쇄하는 것이 훨씬 경제적이다. 변규격 사이즈에는 636mm×880mm, 636mm×840mm, 625mm×880mm, 720mm×939mm, 720mm×980mm 등이 있다.

출판사에 전문 제작자가 있으면 긴급 제작물이 있을 경우 인쇄소, 제책사 담당자와의 그동안의 유대관계로 업무를 신속하게 할 수 있는 장점도 있다. 또한 인쇄소에 입고되어야 할 용지가 정확하게 들어갔으며 사용 후 남은 용지가 잘 보관되고 있는지 제책 후 남은 표지들과 면지들이 잘 관리되고 있는지는 일선 현장에서 일하는 제작자만이 알 수 있는 사항들이다. 그리고 가장 중요한 청구서 마감 작업이 있다.

매월 10일 이후에 거래처에서 오는 청구서의 검토는 큰 회사일수록 회사의 돈이 새어 나가는 것을 막을 수 있다.

인쇄소, 제책사, 지업사에서 일부러 엉터리 청구서를 주지는 않는다. 사람이 하는 일이라 간혹 인쇄비가 잘못 청구되든지 지난달에 인쇄한 것을 다시 재청구하는 등의 실수가 발생한다. 특히 거래처의 담당 영업사원이나 경리가 바뀌고 나면 업무의 인수/인계가 제대로 되지 않아서 잘못된 청구서가 간혹 온다.

그 원인은 여러 가지가 있지만 필자가 아는 상식으로는 거래처마다 단가가 조금씩 다르다는 것이다.

한 예로 한 달에 평균 5,000만 원 정도 거래하는 출판사와 한 달에 평균 200만 원 거래하는 출판사의 제작 단가는 같을 수가 없다.

제작자는 이 외에도 제작 사고 시 현장(인쇄소, 제책사 외)과 출판사의 편집담당의 중간에서 사고의 원인을 객관적으로 판단해야 한다.

출판기획에서 필름(CTP) 출력까지

출판 기획자들은 새로운 책의 기획에 동분서주한다.

운이 좋다면 좋은 아이템을 가진 저자가 출판사에 문을 두드리기도 한다. 그렇지 않다면 본인이 어떠한 도서가 현재의 출판 시장에서 대중들(독자들)에게 관심을 일으킬지를 생각하고 기획해야 한다.

그렇게 기획된 책은 전체회의를 거쳐 진행 여부를 확인받게 된다. 진행이 결정되면 기획자는 그 책을 집필할 집필자를 알아보고 영업부는 시장 조사 작업을 한다.

영업부의 시장조사는 기획자가 기획 중인 책이 현재 나와 있다면 어떠한 점에 차별화를 두어야 하는지 현재 나와 있지 않다면 어떠한 곳에 방향을 잡아야 하는지 조사해 주어야 한다. 그래서 영업부를 기획마케팅부라고 하기도 한다.

영업부에서 수집한 자료를 바탕으로 전체적인 기획과 저자의 섭외를 마치면 이번 책의 진행이 시작된다.

저자의 원고가 편집부로 들어오면 편집부에서 교정, 교열 작업을 거치게 된다. 필요하다면 일러스트나 사진 등의 이미지 추가 작업을 생각하기도 한다.

저자에게 받은 원고는 편집부에서 교정, 교열 작업을 마치고 디자인부에서 잡은 레이아웃에 앉히는 작업에 들어간다. 보통 본문 시안을 먼저 잡아서 진행을 하면서 표지 시안을 잡는다.

1인 출판사나 출판사 내부에 디자인부가 없는 경우 표지 디자인 및 본문 편집만 전문으로 하는 디자인 편집업체에 외주를 주거나 개인적으로 편집 일을 하는 프리랜스 분들에게 외주를 준다.

본문 디자인이 된 저자의 원고를 편집부에서 프린터로 출력을 해서 1교에서 3교까지 교정을 본다.

가능하다면 1교를 본 편집자가 2교는 보지 말고 다른 편집자가 2교를 보게 한 후 3교 때 1교를 본 편집자가 다시 보는 방법이 좋다. 때론 저자에게 1교에서 2교까지를 보게 하는 방법도 있다. 가능하다면 두 사람 정도가 하나의 원고를 검토하는 것이 좋다. 한 사람이 발견하지 못한 오타나 오류를 다른 사람이 잡을 확률이 더 높다. 본문 교정 작업이 진행 중이면 디자인부와 의논을 해서 표지 시안을 잡고 최종 결정된 표지를 확정한다.

일반적으로 표지의 디자인이 정해져야 본문의 첫 속표지(도비라)가 완성된다. 본문과 표지가 완성되면 데이터를 출력소나 인쇄소 웹하드에 올린다. CTP 출력의 경우 CTP 출력 전 변환 파일을 다시 다운로드

한 후 검토를 꼭 한다.

보통 디자인부나 편집부에서 출력소에 출력을 의뢰하는데 이때 제작자는 표지의 날개 유(有), 무(無)와 본문 출력 시 문제가 될 부분을 잘 설명해 준다.

유능한 제작자라면 표지는 국전지 또는 46전지 2절에 0벌로 출력하고 본문은 국전지 또는 46 2절에 인쇄를 할 것이니 그 사이즈 안에 넣어 줄 것을 당부하기도 한다. 특히, 띠지나 커버의 경우 입고된 용지와 출력한 판의 사이즈가 달라 종이의 손실을 볼 수도 있다.

꼭 출력을 의뢰하는 사람에게 이것은 어떠한 사이즈로 인쇄를 할 것이니 국전지 또는 46 2절에 0벌로 출력해 달라고 꼭 확인을 해두는 것이 좋다.

대부분의 인쇄소에서는 46전지용 기계보다는 46전지 2절이나 국전지, 대국전지, 국반절 정도로 인쇄를 많이 하므로 해당 인쇄소의 특징에 맞도록 출력 작업을 해주면 된다.

이 부분은 현장의 상황을 잘 아는 제작자만이 요구할 수 있는 사항이며 이러한 요구가 자신이 몸담고 있는 회사의 불필요한 경비를 줄이는데 일조한다.

출력되어 온 필름이나 출력소 웹하드에 올라온 출력용 PDF 파일을 다운로드해서 검토 작업을 한다. 이때 수정사항이 발견되면 수정을 하면 된다.

제작자는 편집 배열표를 편집자에게 받아서 인쇄소에 전달한다.

필름(CTP) 출력에서 완성된 책이 나오기까지

출력에서 이상이 없다면 인쇄 작업을 진행하면 된다. 인쇄 작업이 완료되면 가제본을 요청한다. 그러면 인쇄소는 인쇄가 끝난 후 표지와 본문 그리고 부속물(띠지, 커버 등)을 가제본해서 준비해준다.

표지의 경우 국전지에 3벌로 작업되었거나 46전지 2절에 4벌 또는 3벌로 작업이 된 경우 전지로 받아서 확인을 하는 것이 좋다.

이 가제본을 편집 담당자에게 넘겨주어 본문 및 표지의 오류를 점검하도록 하는 것이 신간 도서가 나오기까지 일련의 작업 중 제작자가 해야 할 가장 중요한 일이다. 만약 표지나 본문에서 치명적인 오류를 발견하였다면 표지 재인쇄 또는 본문의 해당 대수만 다시 인쇄를 하면 된다.

이렇게 수정된 작업물은 책의 완성도로 높이는데 큰 영향을 주므로 가제본의 확인 작업은 편집자는 물론 제작자에게 아주 중요한 일이며 제작자는 그 타이밍(제책이 들어가기 전 단계)을 잘 맞추어야 한다.

가제본에 이상이 없는 경우 제책사 담당자에게 제책 진행을 요청하면 된다.

인쇄가 완료된 인쇄물을 대수별로 구분을 해 두면 제책사에서 온 차량이 인쇄물을 싣고 제책사로 가져간다. 본문은 제책사에서 가져가고 표지는 후가공(라미네이팅) 업체에서 가져가서 표지 라미네이팅 작업을 한 후 해당 제책사로 입고해 준다.

표지 라미네이팅은 보통 유광, 무광으로 작업을 많이 하며 특정업체에서 개발한 엠보 라미네이팅도 많이 사용하고 있다.

표지에 은박, 금박, 먹박 등의 작업이 있는 경우나 커버에 오시 작업이 있는 경우 그리고 본문에 미싱 작업이 있는 경우 표지에 라미네이팅을 한 후 해당 작업을 진행하는 경우도 있고 표지 라미네이팅 없이 해당 작업을 하는 경우도 있다. 이러한 작업은 보통 후가공 업체에서 하는데 제작 공정에 이 부분을 추가해주면 된다. 예를 들어 표지에 무광 후 금박 작업이 있는 경우 라미네이팅 업체에서 무광 작업을 한 후 박 업체에서 금박 작업을 하도록 제작발주서를 작성한다. 그렇게 작업된 표지는 박 업체에서 금박 작업을 마친 다음 해당 제책사로 입고해 준다.

책은 여러 대수의 인쇄물이 모여 한 권의 책으로 탄생하는데 한 대수가 부족하면 나머지 대수는 필요가 없으므로 운송할 때 소중하게 운반해야 한다.
제책사에 도착한 인쇄물은 대수별로 구분이 되어 접지 작업을 잘 할 수 있도록 재단기를 통하여 재단을 한 후 접지기로 보내어져 접지 작업을 한다.
접지 작업 시 책등 부분에 무선 풀이 잘 베이도록 칼을 넣어 준다('책등을 갈다' 라고도 한다). 칼이 적당히 들어간 그 부분에 무선 풀이 베어 들어가는 것이다.

제책사의 접지기 작업 화면

접지가 끝난 인쇄물은 대수별로 정합(접지 대수별로 인쇄물을 해당 위치에 페이지 순서대로 정리하는 작업)을 한다.

정합 된 인쇄물을 접지 대수별로 하나씩 뽑아서 정렬하면 한 권의 책이 되는데 제책 기계는 이 원리를 이용해서 자동으로 작업이 가능하게 만들어져 있다.

대수별로 작업 라인에 인쇄물이 올라간 화면

정합 된 인쇄물은 컨베이어 시스템을 통해 하나씩 뽑혀 한 권의 책으로 정렬이 된 후 무선 풀이 자동으로 묻히면서 표지가 붙는다. 표지 날개가 있는 경우 자동으로 날개 접기 작업이 이루어진다. 이후 삼면 재단기에서 3부~5부 단위로 재단하면 책이 완성된다.

제책사의 무선 작업 화면

완성된 책은 띠지 작업이나 스티커 작업이 없다면 일정한 부수로 위아래에 댐지를 놓고 벤딩을 한 후 깔판(팔레트)에 쌓이게 된다.
이때 무선제책의 경우 책등의 상태, 책의 위아래가 층이 생기지 않고 재단이 잘 되었는지 등을 살펴야 한다. 그런 다음 제책사에서 샘플 도서를 인수하여 책이 출고되기 전에 담당 편집자에게 최종 확인을 받아야 한다. 만약 책이 잘못되었다면 책이 출고되기 전에 출고를 막을 수

제책 완료 후 완성된 책이 나오는 화면

만 있어도 큰 손실을 줄일 수 있다.

깔판(팔레트)에 쌓아놓은 책은 출판사의 자체 물류센터나 거래하는 물류센터로 운송하기 위하여 비닐로 래핑(Lapping)을 해서 운송차량에 적재한다.

추후 물류센터에 도서들이 정확한 부수로 입고가 되었는지 확인을 하면 된다.

책이 입고되고 출고되는 과정

신간 도서의 경우 담당 편집자가 이상이 없다고 하면 책을 출고하면 된다. 제책사에서 만들어진 도서는 제책사 운송팀에 의하여 출판사 물류센터 또는 거래하는 물류센터로 운송을 해 준다. 물류센터로 입고된 신간 도서는 신간 배본 작업을 거쳐 자신이 몸담고 있는 출판사의 거래 서점 또는 총판으로 보내진다.

일반적으로 신간 배본을 위한 배본표는 영업부에서 작성하는데 신간에 따라 거래하는 서점의 출고 부수를 조절한다. 경험이 많은 담당자라면 책의 판형에 따라 홀수 또는 짝수로 신간 배본을 해준다. 이유는 포장을 용이하게 하고 운반 시 책의 파손을 조금이나마 줄일 수 있기 때문이다.

포장된 신간 도서 안에는 책의 도서명과 출고율을 표기한 거래명세서가 함께 동봉되어 서점 또는 총판으로 보내어진다.

도서의 출고, 반품 정리를 위하여 출판사에서는 〈판매재고관리〉 프로그램을 사용하는데 이러한 프로그램이 없다면 도서들의 출고 금액, 반품 금액, 각 서점별 미수금, 입금액 등을 수작업으로 찾기란 불가능하다. 자체 물류창고가 없는 경우에는 물류센터에서 사용하는 〈판매재고관리〉 프로그램을 연동하여 사용을 하고 자체 물류창고가 있는 출판사는 〈판매재고관리〉 프로그램을 개발하거나 임대 프로그램을 월 관리비를 주고 사용하면 된다.

이때 제작자가 해야 되는 일은 초판으로 제작한 책의 부수와 출고되는 부수를 파악하여 재판 예정일을 예측하는 일이다. 가끔 영업부에서 필요에 따라 신간을 평균과 달리 좀 더 출고하는 경우가 있다. 만약 신간을 3,000부 제작하였는데 초판 배본이 2,200부 정도 되었다면 최소 2~4개월 안에는 재판을 찍어야 하는 상황이 될 것이다. 여기서 유능한 제작자는 이러한 경황을 파악하여 능동적인 대처를 할 수 있어야 된다. 그러기 위해서는 영업부 담당자 및 출고 담당자와 상호 정보 공유를 해야 할 필요가 있다.

이러한 경우가 아니라면 일반적인 재판은 물류센터 또는 자체 도서 관리를 하는 부서에서 파악해서 연락을 준다(경우에 따라서는 본인이 직접 물류센터에 들어가서 파악을 하기도 한다). 그러므로 신간이 나오고 나서 초판 2쇄의 제작이 이루어질 때까지 제작한 신간의 반응을 잘 주시하여야 한다.

이 경우 담당 편집부 직원은 초판 2쇄 작업을 위하여 초판 1쇄 도서를 가지고 오타 점검을 하는 것과 동시에 저자에게 연락을 해서 초판 2쇄 인쇄 시 수정 사항이 있는지 미리 연락을 해서 준비를 해두면 좋다.

재판 제작의 경우, 재고 파악을 한 후 재판 도서 목록과 부수가 정리되어 출판사 제작 담당자에게 보내어진다. 제작자는 그것을 바탕으로 재판을 발주하게 된다. 재판 발주 시 저자 인세가 나가는 도서는 해당 도서의 정보가 수록된 장부(저자 인세 장부)에 별도로 표기를 해두어야 된다.

> **TIP**
>
> **물류 보관업체와 도서 배본업체의 구분**
>
> 물류 보관업체는 출판사의 도서를 보관 및 서점에 배송을 할 수 있도록 포장 작업까지를 해 준다. 책만 보관하는 곳도 있지만 대부분 출판사의 책을 보관도 하고 총판, 서점 등에 출고되는 도서들을 해당 업체에서 주문한 수량만큼 포장을 해서 거래명세서와 함께 도서 배본업체가 수거하여 이동시키는데 문제가 없도록 포장 작업까지를 한다. 이렇게 포장된 도서들은 도서 배본업체에서 수거를 해서 해당 지역의 서점 등에 가져다준다. 서울 지역만 배송과 배본을 하는 업체도 있고 서울, 지방 모두를 배송과 배본을 하는 업체도 있다.

출판사 제작자와 인쇄, 제책업체 담당자와의 관계 그리고 제작발주의 노하우

출판사 제작자는 자신이 몸담고 있는 출판사에서 출간되는 도서의 제작을 전담한다.

신간의 경우 출판사 제작자는 제작사양을 담은 제작의뢰서를 지업사, 인쇄사, 제책사, 후가공 업체에 팩스로 발송을 한 후 일정을 잡는다.

신간인 경우 필름을 넘기는 날짜가 언제 정도이고 언제 정도면 인쇄가 되어 제책이 될지 그리고 부속물이 있다면 어느 정도 시간이 걸리는지를 예상해야 한다.

보통 단행본의 경우는 평균 7일~10일 정도면 신간을 만들 수 있고 어학교재물(책+CD+비닐)의 경우 평균 8일~12일 정도면 신간을 만들 수 있다.

재판 도서의 경우는 평균 5일~8일 정도면 된다. 부속물(띠지, CD, Tape, 비닐작업, 스티커 등)이 있는 경우에는 그 작업에 따라 더 늦어질 수도 있다. 사실 급한 재판의 경우 36시간 안에 입고를 해 본적도 있지만 협력업체의 도움 없이는 어렵다. 그래서 인쇄소 생산관리 담당자와 제책사 진행 담당자와 평소 유대관계를 잘 해두어야 한다.

평소 급하지 않은 제작도서는 너무 재촉하지 말고 편안하게 진행하도록 해 주고 정말로 급할 때 일정을 조정하면 된다. 그렇게 하기 위해서는 평소 보유도서들의 재고 부수의 파악을 잘 해두어야 한다.
제작은 기계가 하지만 그 기계를 작동하고 운영하고 스케줄을 잡는 것은 사람이 하는 일이므로 협력업체 담당자의 도움이 전체 일정관리에 큰 영향을 미친다.
보통 인쇄소나 제책사의 경우 짧게는 1일에서 길게는 2일 정도의 작업 스케줄을 잡아둔다. 물량이 많은 업체의 경우에는 3일~5일 정도의 작업 스케줄이 잡혀 있기도 하다.
인쇄소 생산 관리자나 제책사 제작 진행자 또한 회사에서 월급을 받는 입장이어서 특정 출판사의 일을 우선적으로 처리해 주고 안 해 주고는 마음대로 하기가 어렵다. 평소에 제작업체의 스케줄을 존중하고 급할 땐 부탁을 해서 제작 일정을 조정하면 된다. 출판사 제작자 또한 회사에서 월급을 받는 입장이라 회사에서 원하는 납품 기일을 지키지 않을 수 없다. 그래서 상호 이해와 상생의 협력이 필요한 것이다.

02

제지 회사별 대표 용지들의 규격별 표준 단가표

(기준일 : 2013년 6월 1일)

지종	평량(g)	표준가		제조사
		46전지	국전지	
E-LIGHT	70	49,380	34,570	전주페이퍼
	80	54,230	37,960	
L-LIGHT	65	40,720	28,500	
	75	45,690	31,980	
그린라이트	70	49,380	34,570	
	80	54,230	37,960	
	90	60,480	42,340	
	100	67,200	47,040	
뉴드림지	70	50,830	35,580	
	80	55,820	39,070	
드림매트지	70	50,830	35,580	
	75	53,400	37,380	
	80	55,820	39,070	
백상지/블루 (백색/미색)	60	50,270	34,930	한솔제지
	70	49,380	34,300	
	80	54,240	37,670	
	90	60,770	42,200	
	95	63,990	44,450	
	100	67,210	46,680	
	120	80,640	56,010	
	150	100,800	70,020	
	180	120,950	84,030	
	220	154,480	107,300	
	260	182,550	126,820	
미색백상지	75	54,540	37,887	삼일제지
	80	57,040	39,623	
	90	64,170	44,576	
	95	67,740	47,056	
	120	85,570	59,442	

단위 : 원(VAT 별도)

지종	평량(g)	표준가		제조사
		46전지	국전지	
뉴플러스/블루 (백색/미색)	70	50,860	35,330	한솔 아트원제지
	75	53,430	37,120	
	80	55,860	38,800	
	90	62,570	43,450	
	100	69,220	48,080	
	110	76,120	52,890	
	120	83,050	57,690	
화인코트	60	46,490	32,300	
	65	49,850	34,630	
	70	53,150	36,920	
	80	58,130	40,380	
	100	64,393	45,079	
아트지/블루 S.W/블루	80	66,190	45,980	한솔제지
	90	66,810	46,400	
	100	66,850	46,430	
	120	78,080	54,230	
	150	97,600	67,800	
	180	117,120	81,360	
	200	136,010	94,480	
	220	150,710	105,491	
	250	170,000	118,100	
	300	204,030	141,720	
아트지편면	80	64,220	44,950	한솔 아트원제지
	90	67,180	47,230	
	100	68,380	47,870	
	120	80,800	56,560	
	140	94,270	65,990	
	160	107,730	75,410	

단위 : 원(VAT 별도)

지종	평량(g)	표준가		제조사
		46전지	국전지	
하이플러스 (미색)	90	63,820	44,320	한솔제지
	100	70,600	49,040	
	120	84,710	58,840	
클라우드	70	52,080	36,170	
	80	61,780	42,910	
미스틱	83	72,210	50,150	
	90	78,300	54,380	
	105	91,340	63,450	
	128	111,360	77,350	
	157	136,590	94,880	
라이온코트지	25	46,300	32,163	삼일제지
	28	45,890	31,878	
	30	46,940	32,607	
	32	47,590	33,059	
	34	48,230	33,503	
	36	48,920	33,983	
	38	49,810	34,601	
	42	50,420	35,025	
	45	47,960	33,316	
	50	46,530	32,322	
	55	47,900	33,274	
	60	48,880	33,955	
	65	50,470	35,059	
	70	51,900	36,053	
	75	54,540	37,887	
	80	57,040	39,623	

단위 : 원(VAT 별도)

지종	평량(g)	표준가		제조사
		46전지	국전지	
M-매트지 (백색/자연색)	70	50,860	35,330	한국제지
	80	55,860	38,804	
	90	62,570	43,465	
	100	69,220	48,084	
뉴라이온코트지	65	50,470		삼일제지
	73	53,500		
	83	59,180		
	93	66,310		
르느와르 (백색/고백색)	105	159,330	110,680	무림제지
	130	197,260	137,028	
	160	242,760	168,635	
	190	288,300	200,270	
	210	318,650	221,353	
	230	349,000	242,436	
네오스타코트	70	53,170	36,935	
	80	58,130	40,381	
네오플러스 (백색/미색)	70	50,870	35,340	
	75	53,440	37,120	
	80	55,870	38,810	
	100	69,220	48,090	
아르떼 (내추럴/울트라화이트)	105	157,970	109,730	한국제지
	130	195,580	135,850	
	160	240,720	167,200	
	190	285,850	198,550	
	210	315,940	219,450	
	230	346,030	240,350	

단위 : 원(VAT 별도)

지종	평량(g)	표준가		제조사
		46전지	국전지	
르네상스	90	136,480	94,810	한솔제지
	100	151,650	105,340	
	130	197,140	136,950	
	160	242,640	168,550	
	190	288,130	200,150	
	210	318,470	221,220	
	230	348,800	242,290	
이매진 (백색/미색)	105	278,020		
	130	344,220		
	160	423,660		
	190	503,100		
	210	556,050		
	230	609,010		
랑데부 (내추럴/울트라화이트)	90	136,640		삼화제지
	105	159,420		
	130	197,370		
	160	242,920		
	190	288,470		
	210	318,830		
	240	364,380		
실키카펫 (스노화이트/네츄럴)	130	179,626		한창제지
	160	221,324		
	190	263,023		
	210	288,684		
	230	317,552		
	250	346,421		
	300	413,780		
	350	484,348		

단위 : 원(VAT 별도)

03

현장에서 자주 사용되는
용어 정리

현장 용어	순화 용어
가가리	실매기, 사철
가다오시	형틀
가꾸양장	각 양장
게쓰	용지 끝
겐또	가늠
겐또와시	가늠잡기
고바리	따붙이기
구와이	용지 입구, 물림여백, 물림쪽
구와이 돈땡	용지 입구 같이걸이, 물림쪽 같이걸이
기가다	목형
누끼	백발, 희게빼기
다이	깔판
도무송	톰슨, 모양따기
도비라	속표지
돈땡	같이걸이
돈보	가늠자표, 기준점
마루양장	환 양장
베다인쇄	바탕인쇄
베라	낱장
보로	걸레
소부	판굽기
세네카	책등

현장 용어	순화 용어
스리지	교정지
시다	조수, 보조
시야게	재단 마무리
시오리	가름끈
아미	망점
오도시	자투리
오리꼬미	날개접기
오비지	띠지
오시	선압, 누름자국
야레	파지
아지노	미싱 칼선 접지
엠보싱	돋음내기
요고레	바탕 때
우라	뒷면
와꾸	틀
조아이	정합, 장합
지라시	전단지, 광고지
하리꼬미	터잡기, 대첩
혼가케	따로걸이
하리	옆 맞춤, 옆 기준선
하리 돈땡	옆 맞춤 같이걸이
하시라	쪽머리글

[참고도서]
출판 고수 정리노트(2017년) / 투데이북스 / 이시우 저
내 출판사 창업 성공하기(2015년) / 투데이북스 / 이시우 저
1인 출판사 경영 실무노트(2013년) / 투데이북스 / 이시우 저
출판마케팅 실무노트(2012년) / 투데이북스 / 이시우, 천정한 엮음
출판제작(편집, 디자인) Q&A 모음집(2012년) / 투데이북스 / 출제모 엮음